国家社会科学基金重点项目
“我国省级政府效率损失及规避机制研究”（17AGL022）资助

中国地方政府文化与旅游公共服务效率研究报告 2020

江西省文化和旅游公共服务研究中心
江西师范大学管理决策评价研究中心 著

知识产权出版社
全国百佳图书出版单位
—北京—

图书在版编目（CIP）数据

中国地方政府文化与旅游公共服务效率研究报告．2020/江西省文化和旅游公共服务研究中心，江西师范大学管理决策评价研究中心著．—北京：知识产权出版社，2021.1

ISBN 978－7－5130－7333－2

Ⅰ.①中… Ⅱ.①江… ②江… Ⅲ.①地方政府—旅游文化—公共服务—研究报告—中国—2020 Ⅳ.①F592.68

中国版本图书馆CIP数据核字（2020）第248412号

内容提要

本书深入分析后疫情时代我国文化与旅游服务业发展现状及趋势，系统梳理有关文化与旅游公共服务效率研究文献，借鉴地方政府效率研究思路及方法，基于我国文化与旅游公共服务实际，构建相应指标体系，测度我国31个省级政府、333个地级市政府文化与旅游公共服务效率，发布2020年中国地方政府文化与旅游公共服务效率"十高省""百高市"榜单，总结、论证近年来文化与旅游公共服务效率提升经验及对策，为促进我国文化与旅游服务业高质量发展提供参考。

本书不仅适合高等教育及科研机构的教学研究人员、研究生及本科生，更适合各级政府及政府部门、非政府组织、民间团体、智库机构、科研项目规划管理部门、新闻媒体、大中型企业等相关管理及研究人员阅读。

责任编辑：江宜玲　　**责任校对：**谷　洋

封面设计：回归线（北京）文化传媒有限公司　　**责任印制：**孙婷婷

中国地方政府文化与旅游公共服务效率研究报告（2020）

江西省文化和旅游公共服务研究中心
江西师范大学管理决策评价研究中心　著

出版发行：知识产权出版社有限责任公司　　**网　址：**http://www.ipph.cn
社　址：北京市海淀区气象路50号院　　**邮　编：**100081
责编电话：010－82000860转8339　　**责编邮箱：**jiangyiling@cnipr.com
发行电话：010－82000860转8101/8102　　**发行传真：**010－82000893/82005070/82000270
印　刷：北京建宏印刷有限公司　　**经　销：**各大网上书店、新华书店及相关专业书店
开　本：720mm×1000mm　1/16　　**印　张：**11
版　次：2021年1月第1版　　**印　次：**2021年1月第1次印刷
字　数：160千字　　**定　价：**58.00元

ISBN 978－7－5130－7333－2

《中国地方政府文化与旅游公共服务效率研究报告（2020）》编委会

前 言

文化和旅游（以下简称“文旅”）产业是当今世界优先发展的绿色朝阳产业，也是我国大力扶持发展的第三产业新模式，对促进国民经济结构转型及高质量发展具有重要意义。提升文化与旅游公共服务质量及效率，不仅是拉动经济发展的重要动力，而且是衡量居民对更好生活期盼的重要指标。为此，我国制订了文化与旅游业发展规划。比如《“十三五”时期文化产业发展规划》提出，落实创新驱动战略，促进演艺、娱乐、文化旅游等行业全面协调发展；推进文化与旅游双向深度融合，提升休闲娱乐消费水平；《“十三五”全国旅游公共服务规划》明确要全面提升旅游公共服务品质，为实现旅游强国“三步走战略”奠定坚实基础。同时，我国不少地方政府也将文旅产业作为地区经济社会高质量发展的重要内容。比如，河南省平顶山市要用文化旅游这把“金钥匙”全面提升该市经济优质度、发展集约度、区域开放度、城乡统筹度、环境友好度、群众幸福度、社会文明度、形象美誉度，以此提升其经济社会发展质量；[1] 黑龙江省指出，文旅产业是产业关联度高、拉动作用突出、带动作用强的新兴产业，大力推动文旅产业复苏重振并向高质量发展迈进意义重大。[2] 在疫情防控常态化背景下研究文化与旅游公共服务效率有利于提升文化旅游服务质量，促进文旅产业振兴，进而带动国民经济高质量发展。因此，本书的研究具有比较重要的现实价值。

---

❶ 本报评论员. 强化“大产业”观 构建文旅综合产业体系［N］. 平顶山日报，2020-08-24（001）.

❷ 由洪佳. 化危为机主动作为 推动文旅产业高质量发展［N］. 哈尔滨日报，2020-08-26（008）.

本书共分为六章，第一章重点分析后疫情时代的文化与旅游服务业发展现状及趋势；第二章系统梳理文化与旅游公共服务效率研究文献，论证文化与旅游公共服务效率的内涵、特点、研究方法及理论依据；第三章阐述文化与旅游公共服务效率研究思路及方法；第四章诠释2020年中国地方政府文化与旅游公共服务效率“十高省”及分布特征；第五章剖析2020年中国地方政府文化与旅游公共服务效率“百高市”及分布特征；第六章论证地方政府文化与旅游公共服务效率提升经验与对策。

本书指出，浙江省、北京市、广东省、山东省等省级政府文化与旅游公共服务效率很高，在全国同行排在前10名，被称为中国地方政府文化与旅游公共服务效率“十高省”；成都市、武汉市、杭州市、广州市、绍兴市、西安市、青岛市等位列我国地级市政府文化与旅游公共服务效率前100名，被称为中国地方政府文化与旅游公共服务效率“百高市”。

本书指出，我国地方政府文化与旅游公共服务效率具有以下特点。第一，地方政府文化与旅游公共服务效率基本呈现东高西低分布态势，其中，华东地区的地方政府文化与旅游公共服务效率表现比较优秀，进入“十高省”“百高市”的地方政府数量最多。第二，同一区域内不同地方政府文化与旅游公共服务效率排名高低差异明显。有的地方政府文化与旅游公共服务效率排名明显低于同一区域内其他地方政府文化与旅游公共服务效率。第三，地方政府文化与旅游公共服务效率排名和区域经济社会发展质量之间具有一定的正相关性。文化与旅游公共服务效率较高的地方政府，其辖区经济社会发展质量较高。

本书提出，不断优化地方政府文化与旅游基础公共服务质量，重视提高文化与旅游公共服务成效，注重调控文化与旅游公共服务管理成本，统筹推进疫情防控和文旅发展转型升级是我国地方政府提升文化与旅游公共服务效率的典型经验。

本书得到国家社会科学基金重点项目“我国省级政府效率损失及规避机制研究”（17AGL022）的资助。本书的完成凝聚了江西师范大学、北京师范大学、南昌师范学院100多位师生的智慧与汗水，他们为研究设计、数据收集、正文撰写、校对出版、成果开发等方面做出了重要贡献。其中，唐天伟教授负责全书的统筹及修改工作，李丽霞博士负责第1章（撰写1万字）；吴谨燕老师负责第2章（撰写2万字）；周愉春负责第3章及全书统稿（撰写2.5万字）；孙敏负责第4章（撰写2万字）；李怀玉负责第5章（撰写2万字）；秦雨薇负责第6章（撰写1.5万字）；邓冰清、刘春雷等参与相关章节（各撰写1万字）。北京师范大学政府管理研究院唐任伍教授、江西师范大学校长梅国平教授、江西师范大学副校长项国雄教授、江西师范大学文化与旅游学院院长李平亮教授、南昌师范学院旅游与经济管理学院院长刘玉凤教授、南昌师范学院科研处副处长杜栩教授等为本书提供了宝贵指导。在此表示衷心感谢及崇高敬意！

CONTENTS

目 录

第一章　后疫情时代的文化与旅游服务业

2020年年初暴发的新冠疫情对中国及世界的经济和生活都产生了严重冲击，但随着中国国内疫情的有效控制，各行各业已逐渐恢复发展。据统计，2020年我国服务业生产指数同比增长率从3月的-9.1%稳步增长到6月的2.3%；携程的大数据也显示，自2020年3月开始，我国市场呈现逐渐复苏态势，3—6月环比一直在增长，其中，6月酒店、交通的整体预订量环比5月分别增长15%和13%，一些细分市场（如出租车）在5月初就恢复到了2019年同期水平。[1] 可见，新冠疫情并没有阻挡文化与旅游服务业发展的脚步，文化与旅游服务业已呈现强劲复苏态势。那么在后疫情时代，在文化与旅游融合发展的大环境下，文化与旅游服务业将面临怎样的发展机遇和发展前景呢？

第一节　后疫情时代文化与旅游服务业发展的现实背景

一、后疫情时代文化与旅游服务业发展的宏观背景

（一）公共卫生服务体系建设受到高度重视

党的十八大以来，以习近平同志为核心的党中央一直把人民身体健康作为全面建成小康社会的重要内涵。当前，在我国新冠疫情防控

[1] 李雪婷. 后疫情时代，旅游业如何重启？[EB/OL].（2020-07-03）[2020-09-10]. http://gz.people.com.cn/GB/n2/2020/0703/c371755-34131315.html.

常态化的基础上，党中央、国务院把我国公共卫生服务体系建设放到了前所未有的高度，习近平总书记在2020年6月的专家学者座谈会上强调，“要立足更精准更有效地防”“要建立稳定的公共卫生事业投入机制”“要优化完善疾病预防控制机构职能设置”“要加大卫生健康领域科技投入”。可见，织密防护网、筑牢筑实隔离墙是我国后疫情时代疫情防控的主要对策，今后我国会把公共卫生防御摆在更加突出位置，加大公共卫生改革力度，完善相关配套支撑政策和体制机制，确保民生安全，杜绝新冠疫情反弹。在这种情况下，随着国家对公共卫生服务体系建设的高度重视，包括旅游与文化公共安全服务体系在内的公共服务体系必将迎来良好发展机遇，我国的文化与旅游服务业将从中大获裨益、加快发展。

（二）生态文明建设和绿色发展战略持续推进

生态文明建设事关中华民族永续发展和“两个一百年”奋斗目标的实现，守好改善生态环境生命线、坚持“绿水青山就是金山银山”、形成人与自然和谐发展的现代化建设新格局是中国必须长期坚持的发展观和战略选择。重视生态文明建设，坚定不移走生态优先、绿色发展之路是党中央遵循人类社会发展规律、顺应人民群众对美好生活向往的最坚定的决心和最有力的举措。在这一背景下，我国文化与旅游服务业也必须坚持生态优先、保护至上的发展理念，持续开展生态环境容量监测和环境承载力管制，严格守好生态红线。同时，还要提高自然与社会资源配置效率，统筹生态经济效率、政府公共服务效率、旅游绿色全要素生产率等核心指标，制定文化与旅游公共服务业相关的法律法规或政策制度，坚决杜绝牺牲环境及社会效益换取经济增长的传统粗放型发展方式，努力探索生态优先、绿色发展为导向的高质量发展路径。这将有助于推进后疫情时代我国文化与旅游公共服务业发展。

（三）全面小康社会建设目标如期实现

2020年是全面建成小康社会和“十三五”规划收官之年，也是脱贫攻坚战决胜之年。根据马斯洛需求层次理论，全面小康社会的建成将会在一定程度上提升人们的文化和旅游需求，从而促进文化与旅游服务业的进一步发展。已有实践证明，文化与旅游服务业的强大产业关联带动性不仅能在一定程度上推动三大产业结构的调整与升级，而且是乡村振兴和精准扶贫的重要路径，脱贫地区通过发展文化和旅游等乡村服务业，可以创造大量就业机会。这不仅提高了文化教育、医疗卫生、交通和社会保障等公共服务设施和服务管理水平，而且促进了当地的建筑艺术及工艺、地方风情等文化遗产的保护利用与传承，使乡村环境和当地居民生活质量得到极大改善。因此，在决胜全面小康和脱贫攻坚的大背景下，我国的文化与旅游服务业将面临更广阔的发展空间和更大的发展机遇。

（四）中国经济高质量发展全面展开

自2017年党的十九大首次提出高质量发展以来，中国逐渐由高速增长阶段转向高质量发展阶段。推动高质量发展既是遵循经济规律、保持经济持续健康发展的必然要求，又是适应我国社会主要矛盾变化和实现国家治理体系与治理能力现代化的必然要求。当前，我国社会、经济发展都把坚持质量第一、效益优先摆在首位，不断追求经济发展的质量变革、效率变革和动力变革，不断提高全要素生产率，我国的经济创新力和竞争力将不断提升。可见，推动高质量发展是我国当前和今后一段时期确定发展思路、制定经济政策和实施宏观调控的根本要求。因此，我国文化和旅游服务业发展也必须遵循这一根本要求，必须适应新时代的经济高质量发展要求，聚焦经济发展效率，提升政府公共服务效率和绿色全要素生产率，并在此基础上确立新目标，实施新部署，不断推动文化和旅游服务经济的高质量发展，为全面建成小康社会、推进乡村振兴战略实施奠定坚实物质基础。

二、后疫情时代文化与旅游服务业发展的行业背景

（一）受压制的文化和旅游服务需求逐步释放

新冠疫情突然暴发后，文化和旅游部于2020年1月24日发布暂停旅游与文化企业经营活动的紧急通知，随后国家移民管理局以及国

内外航空公司先后暂停了相关业务，国内主要旅游景区及文化场所也悉数关闭，文化和旅游服务业市场一时间被按下“暂停键”，我国居民外出的旅游与文化消费意愿在客观外在环境约束下被强行压制。然而，随着我国疫情防控工作的迅速展开和对疫情的有效遏制，我国文化与旅游服务业迅速走向复苏。中国旅游研究院（文化和旅游部数据中心）的数据显示，2020 年端午节期间全国共接待的旅游总人数为 4880.9 万人次，同比恢复 50.9%，实现旅游收入 122.8 亿元，同比恢复 31.2%；❶ 另据携程的统计数据，文化和旅游部于 2020 年 7 月 14 日发布《关于推进旅游企业扩大复工复业有关事项的通知》和《旅行社有序恢复经营疫情防控措施指南》后，携程平台上度假、酒店、民航等各个板块搜索量迅速攀升，国内跟团游、自由行瞬时搜索量增长 500%；携程旅游大数据实验室进一步就用户出游意愿的调查表明，88.7% 的被调查者 2020 年会选择国内游，❷ 可见，国内游客的旅游需求迅速被激活。因此，随着我国居民的文化和旅游服务需求的不断释放，我国文化与旅游服务业将不断好转，呈现振兴发展态势。

（二）文化和旅游公共服务供给侧改革逐步深化

文化和旅游公共服务体系建设一直以来都受到国家高度重视，早在 2011 年原国家旅游局颁布的《中国旅游公共服务“十二五”专项规划》中就明确提出，要完善旅游信息咨询服务体系、旅游安全保障服务体系、旅游交通便捷服务体系、旅游便民惠民服务体系、旅游行政服务体系五大体系，2012 年 6 月又颁布《关于进一步做好旅游公共服务工作的意见》，指出要进一步加快五大体系的建设。此后，《“十三五”全国旅游公共服务规划》中又明确了“十三五”期间要加速推进旅游公共服务体系建设，重点部署未来旅游公共服务发展的 16 项重点工程，以便为广大游客提供体系完备、门类齐全，规范标准、优质

❶ 端午出游恢复过半 旅游业 U 形复苏可期 [EB/OL]. (2020-06-29) [2020-09-10]. https://baijiahao.baidu.com/s?id=1670759559006830279&wfr=spider&for=pc.

❷ 跨省游恢复后，游客出游意愿被迅速激发 [EB/OL]. (2020-08-08) [2020-09-10]. http://www.bjnews.com.cn/feature/2020/08/08/756753.html.

高效，便利惠民、安全舒适的旅游公共服务。可见，我国在不断推进文化与旅游公共服务的供给侧改革。2020 年暴发的新冠疫情对我国文化与旅游公共服务供给端来说虽然是一次严峻考验，但更是一次加快其改革发展的重大机遇。它一方面检验了我国文化与旅游公共服务供给端的灵活的应急响应能力，另一方面也有助于发现、解决文化与旅游公共服务问题。因此，新冠疫情防控背景下我国文化和旅游公共服务供给侧改革会加快脚步全面深化，以更好地满足人民群众日益增长的美好文化和旅游生活的需要。

（三）文化和旅游产业新型业态蓬勃兴起

新冠疫情的暴发一方面给文化和旅游服务业带来了重创，但另一方面也加快了行业重组和优胜劣汰的步伐，并催生了文化与旅游服务新型业态的蓬勃兴起。尽管在新冠疫情期间大部分企业蒙灾受难，但有部分企业却依靠其文创产品和线上渠道减轻了疫情暴发的影响，例如故宫的“文创系列”将中华传统文化与时代审美相结合，利用互联网营销手段，使得故宫这一 IP 焕发出新的生命力；许多旅游景区也通过开展线上旅游活动，组织云观展、云旅游、云直播，积极扩展企业经营边界，创新开展线上业务，使企业损失得到最大程度的减少。可见，疫情在一定程度上加速了传统旅游产业数字化融合的进程，客观上推动了文旅产业向数字化、网络化、智能化发展。目前，中国正在从中等收入水平向高等收入水平迈进，人们的文化与旅游服务需求越来越强烈，对文创产品的需求正在逐步增加，而疫情则进一步推进了数字文旅的创新创业发展。随着疫情逐步趋于平缓和疫情防控的常态化，文化和旅游服务业将全面复工复产，然而在当前的发展环境下，它却不能再仅仅从经营规模上恢复，而是必须与时俱进，从客户需求、市场格局等多方面来适应市场变化，迎接疫情常态化的挑战。可以预见，未来的文化和旅游服务业发展将会牢牢地与新技术联系在一起，文旅服务业和数字经济深度融合催生出的新型业态将会引导和培育网络消费、体验消费、智能消费等新的消费服务模式，这不仅是未来文化和旅游服务业发展的新机遇和新趋势，而且是战胜危机、加快发展的重要动能。

第二节 后疫情时代文化与旅游服务业发展的总体趋势

一、常态化疫情防控下文化公共服务均等化将加速发展

文化公共服务均等化是维护社会公平、化解社会矛盾，实现全民共享改革发展成果的重要战略决策，是解决新时代中国社会主要矛盾的重要途径。我国政府近年来非常重视推进基本公共服务的均等化，2017 年国务院颁布《“十三五”推进基本公共服务均等化规划》，计划在 2020 年基本实现公共服务均等化的总体目标；原文化部也于 2017 年颁布《文化部“十三五”时期文化发展改革规划》，通过创建国家公共文化服务体系示范区（项目）等多种手段鼓励推动各地公共文化服务体系的建设。然而，2020 年突然暴发的新冠肺炎疫情既让我们看到了近年来公共服务所取得的长足发展，也暴露了公共服务体系均等化中存在的短板和不足，尤其在区域间和城乡间还存在医疗卫生资源配置不均等现象。因此，推进公共服务均等化是一项长期的艰巨任务，在疫情防控常态化的后疫情时代，充分认识文化公共服务均等化的短板和不足，全面克服公共服务供给不均、享受不均的问题，就要牢记习近平总书记多次强调的“坚持以人民为中心的发展思想，不断保障和改善民生、增进人民福祉，走共同富裕道路”。为此，进一步推进地方政府治理体系现代化，全面改进与提升政府的基本公共服务供给能力，通过绩效评价、公共服务效率提升等手段实现基本公共服务均等化、可及性，提升居民享受基本公共服务的质量以及满意度，将是后疫情时代文化与旅游公共服务业发展的主要趋势。

二、常态化疫情防控下全域旅游将向高品质转型

全域旅游倡导全要素、全行业、全过程、全方位、全时空推进旅游业发展，在文旅融合大背景下，全域旅游不仅契合了常态化疫情防控下大众旅游的需求，而且也契合新时代文创旅游产品项目开发和旅游管理等新需求。常态化疫情防控下，游客的需求更趋向开放性的自

然生态和文化空间，以避免拥堵和封闭的环境；趋向多样化的休闲养生及回归自然的文化和生态旅游目的地，以避免人口密度过大和集中扎堆现象；趋向数字化和智能化的旅游服务接待与零接触的旅游管理，以避免安全隐患和健康风险等级的提升。尽管国家部委和各地方政府都相继出台了应对疫情促进全域旅游发展的相关政策文件，但是仍然有不少文化和旅游企业因为疫情而遭受重创，疫情使得文化和旅游服务行业在“物竞天择，适者生存”的自然法则面前经历了一次重组和洗牌，一些僵化的不能适应社会需求变化的文化和旅游企业惨遭淘汰，而能够快速调整和适应疫情防控常态化市场环境的企业则获得了涅槃重生。在疫情防控常态背景下，文化和旅游服务供给端将能够更清晰地认识到人们对文化和旅游服务多元化和品质化的需求，推进整个行业的服务和管理更快走向智慧化提档升级，使各部门能够形成更高效的全域联动、密切合作的管控机制，进一步完善文化与旅游服务产业体系，不断延伸文化与旅游产业价值链。因此，后疫情时代，常态化的疫情防控将加快全域旅游的品质化发展，使文化和旅游服务行业再度迎来发展的“高光时刻”。

三、全面小康将引爆文化公共服务大众化及全民旅游消费

在新冠疫情暴发之前，文化与旅游服务业已成为中国经济增长的重要引擎。根据文化和旅游部发布的数据，2010—2019 年我国旅游业总规模稳步增长，2010 年旅游总收入为 1. 57 万亿元，2019 年旅游总收入为 6. 63 万亿元，年均增长率达 17. 4%；2019 年全国规模以上文化及相关产业企业实现营业收入 86624 亿元，按可比口径比上年增长 7. 0%，持续保持较快增长。[1] 新冠疫情暴发之后，2020 年 1 月和 2 月我国的文化和旅游服务市场几近停摆，尽管如此，人们对文化与旅游的渴望却日趋强烈，2020 年 3 月由艾威联合旅游顾问机构、中国康

---

[1] 中华人民共和国文化和旅游部．中华人民共和国文化和旅游部 2019 年文化和旅游发展统计公报［EB/OL］．（2020 - 06 - 20）［2020 - 09 - 10］．https：//www. mct. gov. cn/whzx/ggtz/202006/t20200620_872735. htm.

辉旅游集团、亚太旅游协会联合发布的《疫情过后游客出游意愿调研报告》显示，有60%的受访者表示有出游计划，可见即便是在疫情期间游客的出游意愿也非常强烈。[1] 在后疫情时代，随着全面小康建设目标的实现，决定旅游行为产生的三大因素（旅游动机、可自由支配的收入和闲暇时间）都将得到最大程度的满足，我国的文化与旅游市场面临着巨大的发展机遇和增长空间。不仅如此，随着我国文化和旅游服务供给侧改革的逐步深入，相关国家标准和规范陆续出台，我国的文化与旅游公共服务体系日臻完善，文化与公共服务均等化目标随之实现，公共服务水平的提升与行业治理能力的提高将加快我国跨入全民旅游消费时代，有助于我国的文化与旅游服务产业更快更好地发展。

四、文化与旅游公共服务效率将越来越受到重视

随着信息技术的不断进步和智慧旅游的广泛普及，顾客的消费方式也将发生显著变化，线上和线下相结合的方式将成为未来文化和旅游服务业发展的新常态。为充分提升文化与旅游服务质量，满足后疫情时代广大游客高品质化的需求，文化与旅游公共服务效率将会越来越受到重视，在此基础上，新一代移动技术、物联网、云计算等技术将在智慧化集成后融入文化与旅游公共服务领域。这主要体现在以下方面。一是新媒体的推广将成为服务的新亮点，微信公众号、微博和抖音、快手等将使文化与旅游公共服务的对象更加广泛和多元，极大地提升文化与旅游公共服务资源的传播及分享效率；二是数字文化服务将普遍开展，网络直播、云看展、云旅游等“数字化”文化和旅游服务方式，让人们足不出户也能享受美景，使得文化与旅游资源的使用效率大大提升；三是“电子客票”“智慧导引”“人脸识别”等智慧旅游方式将大大减少游客排队等候的时间，在提升文化与旅游公共服务效率的同时，更能减少人为的接触，大大降低健康风险；四是在

[1] 疫后游客出游意愿明显　将以国内游为主［EB/OL］.（2020－03－25）［2020－09－10］. https：//baijiahao. baidu. com/s? id＝1662100926537221606&wfr＝spider&for＝pc.

公共服务管理上，大数据和人工智能等技术将在一定程度上提高政府监管效率，降低监管成本，提高政府公共服务效率和个性化服务质量，进一步拓展文化与旅游服务业的服务模式和业态，促进文化与旅游公共服务的个性化、品质化和高质量发展。

第三节 后疫情时代文化与旅游服务业发展的市场分析

李克强总理在2020年的政府工作报告中指出，要支持餐饮、商场、文化、旅游、家政等生活服务业恢复发展，推动线上线下融合；要发展大健康产业，加强公共文化服务，丰富群众精神文化生活，使全社会充满活力、向上向善。可见，后疫情时代，政府的支持将有效地促进我国现代服务业发展。我国文化与旅游服务业还处于后疫情时代的复苏阶段，其市场供求呈现以下特征和规律。

一、后疫情时代文化与旅游服务市场需求分析

（一）后疫情时代文化与旅游服务产品的需求分析

1. 大健康文旅产品需求更受青睐

中共中央、国务院于2016年印发《“健康中国2030”规划纲要》，明确提出到2020年健康服务业总规模超8万亿元，到2030年达16万亿元。2020年突如其来的新冠肺炎疫情让社会各界更加认识到了健康的重要性，我国的大健康产业迎来了前所未有的战略机遇期。人们对健康服务的需求正在从传统的以疾病治疗为主转化为以预防与保健养生为主。在大健康时代，康养成为人们新的生活方式，而以文化和康养旅游为主导的大健康文旅产品更受大众青睐，并逐渐成为大众旅游的常态模式。在常态化疫情防控下，体育健身和康体保健、心灵修养和情感体验、绿色康养和生态旅居等新繁荣生活方式和度假服务将会成为未来文旅发展的新方向。

2. 文旅产品和服务消费需求加快迭代升级

随着人们生活水平的不断提高，人们对美好的物质和精神文化生

活更加向往，传统的、单一的观光和度假旅游活动难以满足大众文化和旅游生活需求，全面小康社会的建成和数字技术的不断进步使人们对文化与旅游产品和服务的消费需求不断升级，而2020年的新冠疫情则加快了这种需求的迭代升级。在常态化疫情防控下，人们追求的是更具参与式和沉浸式的文化和旅游产品、更具个性化的服务方式，以及更完备的文化与旅游公共服务环境。因此，充分利用当前利好的优惠政策，深入挖掘文化与旅游资源，因地制宜地打造精品和特色项目，进一步释放巨大的文旅消费市场潜力是当前文化与旅游服务行业发展的重要任务。

3. 文化与旅游服务市场呈现多样化

社会的不断进步和发展不仅促进了消费群体的代际转换，而且产生了一些新兴的消费市场群体，例如随着女性自我意识崛起、经济独立自主和社会地位的提高，由女性消费群体所形成的“她经济”市场；随着我国人口老龄化的不断加快，由老年消费群体所组成的庞大的老年文旅市场；由带有鲜明自我特征的“90后”“00后”为代表所组成的更偏重于年轻化、个性化、主题化需求的年轻一族消费市场；等等。不同的消费群体具有显著不同的消费特点和偏好，因此，研究他们不同的旅游消费动机和价值诉求，抓住不同消费群体的需求变化趋势，有针对性地开发和打造适销对路的文化和旅游服务产品，既是市场竞争的需要，又是适应未来文化和旅游服务市场发展趋势的要求。

（二）后疫情时代文化与旅游服务消费方式分析

1. 自驾出游更受青睐

尽管我国新冠疫情已得到有效控制，文化和旅游部也于2020年7月中旬下发了关于恢复“跨省游”的通知，但是受国外疫情持续发酵的影响，旅游消费者出于安全考虑仍然不会选择跟团游的出游方式，在国内常态化疫情防控下，相对安全的自驾车出游方式更受青睐。数据显示，自驾车相关业务呈现逐月递增的态势，康辉旅行社深圳特区的自驾游业务的月交易额从2020年6月的30万元左右增加到2020年

7月的140万元；携程旅行的租车业务从2020年3月起交易额逐月增长，到2020年5月已超2019年同期水平。❶ 可见，在疫后市场消费方式中，自驾游是所有业务中恢复速度最快的板块之一，成为文化和旅游企业脱困和行业复苏的重要途径。

2. “云消费”成为新常态

在后疫情时代，常态化疫情防控仍然会对实体店消费产生冲击，大量的线下消费转化为线上消费，但同时也催生了依赖现代科技的“云购物”“云教育”“云医疗”等新型消费模式，而“云消费”将成为文化与旅游服务业的常态消费模式。事实上，新型消费本是社会经济发展到一定阶段的产物，其本质是消费升级的一种体现，只是2020年突发的新冠疫情加快了其升级步伐。在文化和旅游服务行业，“云消费”主要体现在旅游消费者在传统的旅游六大要素吃、住、行、游、购、娱方面都可以通过手机终端App、景区的智能设备、虚拟的VR和AR技术等来进行旅游消费和体验，使消费方式由线下转变为线上，消费内容由实用性转化为体验性，消费过程由单向性转为互动性，并获得消费价值和满意度的提升。

3. 亲子游成为新热点

种种迹象表明，后疫情时代家庭亲子游逐渐成为文化和旅游消费市场的新热点。一方面，经过几个月的疫情封锁和关在家里的封闭式学习，孩子们迫切需要通过出游来舒缓心情、释放压力；另一方面，家庭收入的普遍大幅增长使每个家庭在孩子们身上投入越来越多，利用寒暑假带孩子出游已成为中国大多数家庭的选择，而在当下常态化的疫情防控下的暑假尤其如此。据中国旅游研究院于2020年6月发布的暑期旅游预测报告，近九成的受访家庭有意向在暑假安排亲子游，其中六成以上的家庭表示愿意带孩子出行两次以上，近三成的家庭表示愿意出行3~4次；❷ 此外，飞猪平台的一项调查也显示，带有

---

❶ 刘小亚．后疫情时代，自驾车受热捧或将改变传统模式［EB/OL］．（2020-08-21）［2020-09-10］．http：//www.tsr.he.cn/news/2020-08/21/cms88820article.shtml.

❷ 亲子游成今夏文旅“刚需”［EB/OL］．（2020-06-12）［2020-09-10］．https：//news.cncn.com/290976.html.

网红元素、自带游乐园且能提供托管服务的高星级亲子酒店尤其受欢迎，飞猪平台亲子酒店 2020 年“六一”的预订量环比 4 月暴涨 1000%，带动周边游度假酒店入住率率先恢复到 2019 年同期水平。家庭亲子游构成文化与旅游服务市场的新刚需，成为行业的重要文化与旅游消费形式之一。

（三）后疫情时代文化与旅游服务需求的新特征

1. 疫情防控使文化与旅游服务业的恢复呈现空间不均衡特征

不同区域范围内疫情形势的较大差异使得文化与旅游服务业的恢复在空间上呈现出非常明显的空间不均衡性。首先，从国际市场来看，全球疫情的复杂性使得国外和国内市场复苏的时间节点显著不一致，中国境内因疫情防控有力，成效卓著，各行各业稳步复苏，文化和旅游服务业尤其如此；而国外许多国家因疫情依然严峻，导致其旅游市场复苏时间节点还存在较大不确定性。其次，国内三大旅游市场中，国内旅游市场率先回暖，而出境旅游和入境旅游则受疫情影响恢复步伐非常缓慢。另外，从国内旅游市场复苏的空间结构来看，疫情控制较好的低风险地区率先回暖，而中高风险等级地区则依然实施着较为严格的疫情防控措施，在一定程度上左右着文化与旅游服务业的复苏时间，但是可以预见，后疫情时代，我国文化与旅游服务业将逐渐全面恢复。

2. 疫情防控形成线上线下相融合的新的消费行为方式

疫情防控加快了线上经济的繁荣和发展，同时使人们的社会工作和生活更多由线下转为线上。线上办公、网络购物、远程教学、在线医疗等所带来的便利性将在一定程度上改变人们的工作、学习和生活习惯；而部分在疫情期间受到重创的餐饮、住宿、商贸娱乐等实体经济企业，则会随着疫情的消退逐渐恢复。可以说，疫情影响了人们的生活常态，同时在一定程度上改变了人们的生活习惯，推动了线上和线下两种经济方式的高效融合。在后疫情时代，两种方式并不会相互取代，而是会在市场的调节下以最适合消费者需求的方式存在，并最终形成一种新的消费行为模式。

二、后疫情时代的文化与旅游服务市场供给分析

（一）后疫情时代文化与旅游服务产品的供给分析

1. 文旅融合效率将大大提升

疫情所带来的行业生存压力一方面会促使各企业痛定思痛找到自身经营服务和管理上的弱点，另一方面也将促进各企业突破现状努力寻找转型升级的路径，尤其是着重找准和抓好文化与旅游融合的结合点，从旅游中充分挖掘文化元素凸显商业价值，从文化中充分寻找开发亮点进行旅游营销，在“易融则融、能融尽融”的原则下，努力搭建上下游的供应链，延伸产业链条，充分提高社会文化资源和生态自然资源的使用效率，满足广大群众文化和旅游服务的需求。因此，在后疫情时代，文旅融合产品项目将会真正落地，传统的、落后的产品项目将会被淘汰。这就表明，更适应市场需求变化的产品项目将会被挖掘和开发，文旅融合的效率将会大大提升，文旅行业将会获得更快发展。

2. 跨界创新渐成新时尚

文化与旅游服务行业是一个非常具有创新创意精神的行业，文化给了旅游宽广的创意源泉，旅游让文化有了施展的广阔空间，新时代的数字技术和信息技术又为文旅跨界融合提供了强大的技术保障。因此，在后疫情时代，整个文化与旅游服务业将会不断进行多元化的文旅融合创新，旅游将充分发挥其关联性和带动性作用，加快三大产业之间的跨界融合。为满足人们对大健康生活的向往，未来康体疗养、生态度假、文化休闲等文创和生态旅游产品的供给将成为行业的主流，并在文化的注入下朝着高品质方向发展，沉浸式、体验式文旅产品将会越来越多，市场的消费潜力也将得到大大激发，人们对美好健康旅游生活的多样化追求将会不断获得满足。

3. 企业管理水平将优化升级

改革开放以来，我国的文化与旅游服务事业取得了令世界瞩目的巨大成就，但是，此次新冠疫情的冲击使我国文化与旅游服务业中的

一些短板和不足充分暴露出来，对全行业也提出了一系列新的课题。对旅游企业来讲，无论是在服务产品的设计上，还是在企业组织管理以及新技术的应用等方面，都需要在创新思维的引领下重新进行规划和提升，时代的进步、竞争的加剧以及旅游者消费心理和消费行为的快速变化都对企业的管理水平和运营能力提出更高的要求。面对疫情，我国不少文化与旅游企业在疫情期间痛定思痛、沉着应对，苦练内功，积极进行调整和转型，将疫情的压力转化为企业发展的重大机遇，有效促进了企业管理水平的全面提档升级，在一定程度上也推动了整个行业的健康发展。

（二）后疫情时代文化与旅游服务的供给方式分析

1. 产品项目设计上云文旅成为新业态

疫情期间人们足不出户，线下的文化与旅游景区遭受重挫，为化解危机，许多文化与旅游景区联合线上旅游公司（Online Travel Agency，OTA）一起推出“云旅游”计划，积极开展产品项目的线上设计和开发，例如携程、艺龙、同程等企业发起“景区云旅游”活动，免费开放包括3000家景区的近7000条语音导览，成效显著，使用人数呈六倍增长；途牛则通过微信朋友圈、会员微信群、抖音号等多个渠道，运用精练的文字和精美的视频图文并茂地与用户分享世界各地的美景，为用户带来全球旅游互动体验；一些历史景区，如黄鹤楼、故宫、拙政园等也纷纷推出网络直播、云看展、云旅游等活动方式。可见，后疫情时代云文旅方兴未艾，将很快成为行业新的经济增长点，对文旅企业来说，如何扩大优质数字文旅产品的供给、如何有效引导和培育网络体验消费以及智能消费等新的消费模式将是其着重关注的问题。

2. 产品服务提供上定制化成为新趋势

我国社会经济的快速发展带来了旅游服务需求和消费方式的大变革，传统的旅游服务方式已经不能满足市场的需求，在疫情的推动下，消费者的服务需求越来越朝着个性化和定制化方式转变。一方面，竞争的加剧要求文化与旅游服务企业必须不断进行服务和产品的创新以更好地满足消费者的需求，提高顾客的满意度和市场占有率；另一方面，政府的扶持、信息技术和虚拟现实技术等的应用为文化与旅游服务的定制化发展奠定了良好的条件。在后疫情时代，文化和旅游服务业的产品和服务应着重于康养和休闲这两个领域，增加文化与旅游服务产品的研发创新与有效供给，注重个性化的旅游体验与定制化服务模式的开发，以更好地满足旅游者全方位的旅游需求，提升企业的核心竞争能力。

3. 新基建上数字文旅成为新格局

中国经济的高质量发展对公共服务基础设施的建设也提出了新要求，自 2018 年中央经济工作会议中重新定义"新型基础设施建设"后，新基建便受到社会各界的广泛重视，并不断释放出新动能，推动中国经济转型升级和社会发展。在 2020 年暴发的新冠疫情期间，以 5G、大数据、云计算、人工智能等数字技术为核心的新基建成为维持人们生产生活的强力支撑。在后疫情时代，线上经济和实体经济必将加速融合，要充分满足疫后旅游消费者多元化和个性化的需求，就必须抓住当前数字经济发展的机遇，对传统基建进行数字化和智能化改造，并落实财政、税收、金融等优惠帮扶政策，系统搭建我国数字文旅的基建新格局，通过促进新基建核心技术的交互共融，形成乘数效应，加速我国文化与旅游服务业的数字化和智能化发展，成为行业高质量发展的重要保障。

（三）后疫情时代文化与旅游服务供给的新特征

1. 疫情加速文化和旅游服务行业的重组和变革

新冠疫情期间，我国很多传统的线下文化与旅游企业遭受重大冲击，根据企查查公布的数据，2020 年上半年，我国旅游相关的企业一共新注册 13 万家，同比减少 20.2%；上半年注销、吊销了 4.9 万家旅游相关企业。[1] 但与此所不同的是，新兴的数字文化产业却优势凸显，不仅在疫情期间获得了更大的市场份额，而且有关的数字文化类

---

[1] 2020 年上半年旅游企业"消失"4.9 万家［EB/OL］.（2020－07－21）［2020－09－10］. https：//www.sohu.com/a/408963529_100153182.

上市公司股票也受到了资本市场的追捧，如在线教育类上市公司全通教育在2020年2月3日逆势大涨6.58%，并连续四天“涨停”，在港交所上市的数字阅读领域龙头阅文集团股价也有所上涨。[1]可见，疫情虽然使文化与旅游服务行业遭受了重大危机，使需求侧与供给侧之间的矛盾更清晰地暴露出来，但通过疫情，我们也能发现行业未来发展趋势所在：一方面，技术进步会加速文化与旅游产业的进一步融合，且新兴技术在创造新的文化与旅游服务产业业态与模式的同时，也必将带来传统文化产业的经营方式的多样化；另一方面，在需求逐步散客化和个性化的时代，传统的资源依赖型和自发成长型的模式已经无法继续引领行业发展，文化和旅游服务业的转型升级和优化重组是必然趋势。而疫情只不过是加速了这种行业重组的速度和质量，经过疫情的洗礼，部分优质文化和旅游企业必定会通过兼并重组来扩大自身的竞争优势与市场份额，传统的文化与旅游服务经营也会不断进行互联网化升级，而缺乏发展动能和转型升级能力的企业必将被淘汰。

2. 疫情促进文化与旅游服务行业供应链的延伸和价值链的提升

疫情带给文化与旅游服务行业的影响是深远的。在后疫情时代，尽管全国各地的文旅行业正在加快复苏，有的地区甚至已经达到疫前的同期水平，但是文化与旅游服务行业却不可能重走之前发展的老路。在疫情防控压力下，过去以低价竞争和低品质服务产品获取利润的方式注定会被淘汰，行业为了生存和发展，必定会立足长远，从战略角度来推进行业供应链的变革和价值链的提升。具体来说，第一，要从全价值体验的视角，创新文化和旅游消费渠道，培植消费供应链，在这方面，文旅行业必须充分利用新基建的赋能，借助5G、虚拟现实技术等通过创新来驱动文化和旅游供应链的变革。第二，要基于品质文旅的视角，打造高品质的全价值链产品和项目，即结合疫情

[1] 河北省文化和旅游产业协会门户网．应对当前困境，着眼长远发展——北大教授谈疫情对文化产业的影响及应对措施［EB/OL］．(2020-02-25)［2020-09-10］．http://www.hbwhcyxh.com/new_content.asp?id=2614.

对旅游消费者旅游心理和旅游动机的影响，针对不同客户群体的文旅需求，结合文化与旅游公共服务基础设施，打造多元化、定制化的高品质产品和项目。第三，要以顾客满意为目标，打造高品质的全价值链服务体系，即完全以消费者为中心，深化疫情防控防护措施，通过全方位的服务设计和全身心的服务投入来提升产品和服务的附加值，打造高品质的文旅服务品牌，最大化顾客的满意度和企业的收益率。

第二章 国内外有关文化与旅游公共服务效率研究综述

文化与旅游公共服务是文化旅游业发展中不可或缺的要素，学术界对文化与旅游公共服务效率研究还处于起步阶段，研究体系有待完善，研究深度和广度有待扩展。国内外有关文化与旅游公共服务效率研究大都从文化与旅游公共服务相关概念、供给现状及问题、供给模式、供给效率评估及影响因素、供给效率测度方法、供给效率提升建议等角度展开。本章对国内外有关文化与旅游公共服务效率的内涵、影响因素、测度、面临问题及对策相关研究文献进行梳理、对比分析及总结。

第一节 有关文化与旅游公共服务效率内涵综述

文化与旅游公共服务效率是指文化与旅游公共服务的效率，是文化与旅游公共服务及公共服务效率两个概念的融合，起源于公共文化服务及旅游公共服务。近年来，随着文化与旅游成为研究热点，学术界初步探讨了公共文化服务和旅游公共服务，但还未形成一个统一的概念，各位学者均有自己的理解。李国新等（2019）探讨了公共文化服务和旅游公共服务的概念和主要内容，提出公共文化服务和旅游公共服务融合发展的切入点，[1] 指出公共文化服务与旅游公共服务既有联系也有区别。也就是说，梳理文化与旅游公共服务效率内涵文献需要诠

[1] 李国新，李阳．文化和旅游公共服务融合发展的思考［J］．图书馆杂志，2019，38（10）：29－33.

释公共文化服务、旅游公共服务、公共服务效率等内涵研究观点。

一、有关公共文化服务内涵综述

关于公共文化服务内涵，最早可追溯至19世纪后期的德国政策学派，其代表人物瓦格纳主张“通过公共财政的社会政策作用，拓宽政府服务职能，强化政府的社会文化和公共福利的责任”。❶ 近年来，有关公共文化服务问题受到政府高度关注。2012年2月15日，中共中央办公厅、国务院办公厅发布《国家“十二五”时期文化改革发展规划纲要》，指出：要加快构建公共文化服务体系，加强公共文化产品和服务供给，加快城乡文化一体化发展，广泛开展群众性文化活动，到2015年实现覆盖全社会的公共文化服务体系基本建立、城乡居民能够较为便捷地享受公共文化服务、基本文化权益得到更好保障的目标。❷ 2016年12月25日公布的《中华人民共和国公共文化服务保障法》明确界定了公共文化服务：是指“由政府主导、社会力量参与，以满足公民基本文化需求为主要目的而提供的公共文化设施、文化产品、文化活动以及其他相关服务”。❸ 党的十八届三中全会结合新的形势和时代特征，提出构建“现代公共文化服务体系”的要求。党的十八届四中全会明确要求“制定公共文化服务保障法，促进基本公共文化服务标准化、均等化”。党的十八届五中全会则站在“四个全面”战略布局和“五位一体”总体布局的高度，按照“创新、协调、绿色、开放、共享”的发展理念，将“2020年现代公共文化服务体系基本建成”的目标纳入“十三五”规划。这就表明，国家政策进一步明确了公共文化服务作为文化建设重要组成部分的地位，并对其内容进行了解释和指引。

随着国家对公共文化服务体系的重视，公共文化服务也得到国内

❶ 朱旭光，郭晶晶．双重失灵与公共文化服务体系建设［J］．经济论坛，2010（3）．

❷ 中华人民共和国中央人民政府．国家“十二五”时期文化改革发展规划纲要［EB/OL］．http：//www. gov. cn/gzdt/2012－02/16/content_2068848. htm.

❸ 中华人民共和国中央人民政府．中华人民共和国公共文化服务保障法［EB/OL］．http：//www. gov. cn/xinwen/2016－12/26/content_5152772. htm.

学者的关注。有关公共文化服务内涵及特征研究，国内学者提出了很多论断。总体来看，学术界主要是从经济学和管理学角度界定公共文化服务概念。从经济学角度分析的代表性观点有：周晓丽、毛寿龙（2008）基于经济学公共物品理论，认为公共文化服务本质上归属于公共服务大范畴，将公共文化服务界定为基于社会效益，不以营利为目的，为社会提供非竞争性、非排他性的公共文化产品的资源配置活动；[1] 闫平（2008）认为公共文化服务是政府和非营利性组织提供的、为满足社会成员基本文化需求、提高公众文化素质和生活质量以及社会发展需要的文化环境和文化条件的公共产品和服务的总称。[2] 从管理学角度分析的代表性观点有：陈希琳（2011）认为公共文化服务是以保障公民基本文化权益、满足公民基本文化需求为目的，由政府负责提供的基本文化产品和服务；[3] 赖作莲（2016）指出公共文化服务是政府公共部门为了保障公民的基本文化生活权利，向公民提供的公共文化产品和服务，是政府公共服务的重要内容；[4] 俞一楠（2012）将公共文化服务界定为以保障公众的享有基本文化权利或者丰富文化服务选择空间为目的，通过政府、市场以及合作等方式提供的文化服务。[5]

同时，还有国内学者对其概念进行了更为具体的论述。比如曹爱军等（2011）认为公共文化服务的本质是满足社会公众的公共文化需求的一种服务，包含了电影、电视、广播、博物馆等多文化领域，是政府向公众提供公共文化产品和公共文化服务的行为和这种行为的相关制度与系统的总称；齐勇锋等（2012）认为公共文化服务体系是以文化馆、公共图书馆和博物馆等面向社会公众的文化机构和场所为中

[1] 周晓丽，毛寿龙．论我国公共文化服务及其模式选择［J］．江苏社会科学，2008（1）．

[2] 闫平．服务型政府的公共性特征与公共文化服务体系建设［J］．理论学刊，2008（12）：90－93．

[3] 陈希琳．公共文化服务体系需满足群众基本需求［J］．经济，2011（7）．

[4] 赖作莲．基于DEA－Tobit方法的公共文化服务效率评价及其影响因素研究［J］．内蒙古财经大学学报，2016，14（06）：46－50．

[5] 俞一楠．城市公共文化服务供给方式比较研究［D］．上海：华东理工大学，2012．

心，以非政府、非营利性的相关社会组织为外围的遍布城乡的文化服务点和网络体系。[1] 在此研究基础上，王鹤云（2014）对文化服务的概念进行了系统总结，指出公共文化服务有广义和狭义之分。广义的是由公共文化机构使用公共权力与公共资源，为满足公民基本文化需求而提供公共文化产品的行为及制度的总体，既包括公众本身所能享受到的公共文化产品，也包括政府进行管理和服务的系列行为，比如，制定文化政策、开展市场监管等行为；狭义的则是由政府或非营利性组织为保障和实现公民基本文化权益，免费或低价向社会公众提供公共非竞争性、非排他性的公共文化产品和服务的行为，既包括满足公民基本文化需求的集体消费品，也包括维护国家文化安全、体现社会主流价值的保障性文化消费品，既包括物质性的公共文化设施，也包括具体的公共文化内容服务。[2]

综上所述，公共文化服务是以保障公民基本文化权益、满足公民基本文化需求为目的，由政府或非营利性组织提供的公共产品和公共服务，具有基础性、非营利性等特征。

二、有关旅游公共服务内涵综述

国内外有关“旅游公共服务”的研究很少，国内学者对旅游公共服务的研究主要集中在概念、体系、供给机制、评价指标等方面。国内最早对旅游公共服务进行专门研究界定的是《旅游公共服务供给机制研究》一文，在该研究中，李爽（2008）从旅游公共服务的内容、主体、方式三部分展开，认为旅游公共服务是指在旅游目的地范围内及周边区域，由政府或其他组织（企业、非营利性组织等）等服务主体为旅行前、旅行中和旅行后的旅游者（包括现实的和潜在的）提供的、具有明显公共性的、满足旅游者共同需要的公共产品和服务的总称。[3] 随着国家对旅游公共服务的关注、政府部门工作报告的提及、

---

[1] 齐勇锋，李平凡．完善公共文化服务体系　提高国家文化软实力［J］．中国特色社会主义研究，2012（1）．

[2] 王鹤云．我国公共文化服务政策研究［D］．北京：中国艺术研究院，2014.

[3] 李爽．旅游公共服务供给机制研究［D］．厦门：厦门大学，2008.

相关政策的出台和实施，学术界对旅游公共服务研究热潮也开始兴起，从不同角度探讨旅游公共服务的概念和内涵。

国内学者有关旅游公共服务的代表性观点有：张泰城等（2009）根据公共管理理论将旅游公共服务界定为政府及其行政管理部门向社会提供的、不以营利为目的的、满足游客需要的、直接和间接旅游服务的总称；[1] 李军鹏（2012）认为旅游公共服务是由政府旅游管理部门向社会提供的，不以营利为目的的旅游类服务，强调旅游公共服务的基础性、公益性等特性；[2] 李建中等（2009）认为旅游公共服务是由政府或其他组织（企业、第三部门）等服务主体为旅行前、旅行中和旅行后的旅游者（含现实的和潜在的旅游者）提供的具有明显公共性的、满足旅游者共同需要的公共产品和服务的总称；[3] 何池康（2011）认为旅游公共服务是指一定区域内，在一定的时期由政府或其他社会组织提供的，以旅游者为服务对象的，具有明显公共性的一系列产品和服务的总称，既包括纯公共性质的产品和服务，也包括准公共性质的产品和服务；[4] 荣浩（2012）从旅游公共服务的需求、性质、责任主体及内容四个方面对旅游公共服务进行界定，认为旅游公共服务是为满足旅游者公共需要，政府和由政府授权的工商企业、非政府组织等针对整个旅游过程而通过政府行为或政府主导下的市场行为在纯粹公共物品、混合公共物品和特殊私人物品等方面提供的产品形式和行为过程的总称。[5] 徐菊凤（2012）认为旅游公共服务这一概念更为准确的定义在于：为满足旅游者的普遍需要而由旅游等相关公共部门主导提供的具有公益性、共享性特点的产品和服务的总称。如果默认公益性和共享性是旅游公共产品服务和产品的本质特征，旅游公共服务概念也可简述为：为满足旅游者的普遍需要而由旅游等相关公共

---

[1] 张泰城，王伟年．旅游公共服务建设中地方政府行为分析［J］．中州学刊，2009（04）：114－118．

[2] 李军鹏．加快完善旅游公共服务体系［J］．旅游学刊，2012，27（1）：4．

[3] 李建中，李爽，甘巧林．节事活动旅游公共服务第三部门供给研究［J］．社会科学，2009（10）．

[4] 何池康．旅游公共服务体系建设研究［D］．北京：中央民族大学，2011．

[5] 荣浩．旅游公共服务及相关概念辨析［J］．现代商贸工业，2012（8）：96．

部门主导提供的公共产品和服务的简称；[1] 卢新新、朱俭（2016）从散客视角对旅游公共服务内涵进行研究，将旅游公共服务分为旅游信息服务、旅游交通服务、旅游消费服务、旅游安全服务和旅游环境服务。[2]

2011 年 12 月 31 日，国家旅游局发布《中国旅游公共服务“十二五”专项规划》，规划指出，旅游公共服务是政府和其他社会组织、经济组织为满足海内外游客的公共需求而提供的基础性、公益性的旅游产品与服务，包括旅游公共信息服务、旅游安全保障服务、旅游交通便捷服务、旅游惠民便民服务、旅游行政服务等。国家旅游局司长刘小军和北京师范大学宋金平教授将旅游公共服务的概念及内涵分为广义和狭义两类。刘小军在《对加强旅游公共服务若干问题的思考》一文中将旅游公共服务分为基础性旅游公共服务、市场性旅游公共服务和管理性旅游公共服务三大部分。其中，基础性旅游公共服务是指政府公共部门生产的、提供全体社会成员平等消费和享有的无差别公共服务；市场性旅游公共服务是指可以吸收企业、非政府组织共同参与，通过市场竞争方式进行生产的公共服务；管理性旅游公共服务是指政府为了维护旅游经营公平，建立有序的旅游市场秩序，对旅游经营单位所产生的管制性公共服务。宋金平教授也基本认同刘小军的分类方法，指出旅游公共服务是由政府提供或主导提供的，现实或潜在旅游者与旅游业经营者、从业人员不论其国别、消费水平和地位、旅游形式如何都可以普遍享有的，市场或单个企业无力或不愿提供的服务和公共产品。[3]

虽然学者们都是从不同角度来对旅游公共服务进行诠释，研究侧重点有所不同，但是无论是国家层面的解读还是学者们的界定，都可以发现四个共同点：第一，旅游公共服务的供给主体是多元化的，不仅包括政府部门，还包括其他社会组织；第二，旅游公共服务的目的

---

[1] 徐菊凤．旅游公共服务：理论与实践［M］．北京：中国旅游出版社，2013.

[2] 卢新新，朱俭．旅游公共服务内涵研究［J］．现代商贸工业，2016，37（30）：22－23.

[3]《中国旅游公共服务“十二五”专项规划》解读［EB/OL］．https：//www.docin.com/p－872916159.html.

是保障公众旅游基本权益，满足公众旅游需求；第三，旅游公共服务的内容不是单一的，包括提供产品服务和管理行为等；第四，旅游公共服务的共同特征是基础性和公益性。

综上所述，文化与旅游公共服务的内容是随着时间的变化而变化的，要与公众对文化与旅游公共需求相适应。因此，文化与旅游公共服务可以归纳为：以政府为主的公共部门或相关社会组织以提供公共产品、公共服务、公共权利等方式满足公众的文化与旅游需要的过程。

三、有关公共服务效率内涵综述

全面理解文化与旅游公共服务效率不但需要科学认识文化与旅游公共服务内涵，而且还需要理解“效率”的内涵。首先，效率作为经济学中的一个非常重要的概念，最早是被 M. J. Farrell 提出的，他认为效率主要包括技术效率和配置效率，技术效率所要解决的是投入—产出的转化比例问题，配置效率解决的则是要想实现最优的转化比例，投入和产出究竟该如何进行最优组合的问题。[1] 其次，“效率”为单位时间内完成的工作量，是指最有效地使用社会资源以满足人类的愿望和需要。

国内已有文献初步探究了文化与旅游公共服务效率内涵。曹望华（2011）和王华春（2013）探讨了公共服务效率的内涵。曹望华指出公共服务效率的价值由效率价值客体、效率价值主体和客体满足主体的程度三个要素组成，即“何种服务效率”“谁之服务效率”“怎样的服务效率”，公共服务效率是指公共服务资源投入与公共服务效果产出的比率以及公共服务资源分配的有效性。[2] 王华春也认为公共服务效率本质上是公共资源的投入产出效率，反映公共服务效果与其耗费资源之间的对比关系，强调效率能够客观评价公共服务成效，最大

---

[1] 韩慧．西部省区公共文化服务供给效率评价研究［D］．兰州：兰州大学，2019.

[2] 曹望华．公共服务效率的三重价值内涵［J］．经济与社会发展，2011，9（11）：79－81.

限度地使用好有限的公共资源。[1]

基于以上有关文化与旅游公共服务，以及公共服务效率的分析，文化与旅游公共服务效率内涵应该同时融括公共、文化、旅游、服务及效率五个方面内容，可以概括为：政府或相关社会组织为满足公众文化与旅游需要，在对公共产品、公共服务、公共权利进行筹集、配置和使用过程中所形成的投入与产出的比例关系；其本质就是文化与旅游公共文化服务资源投入与服务产出结果之比。当投入与产出比值达到1时，就说明所投入资源利用充分，无任何浪费现象并且使得相应的社会成员享受的文化与旅游公共产品、公共服务、公共权利的需求得到最大满足。

第二节　有关文化与旅游公共服务效率影响因素综述

对于公共服务效率影响因素的研究，目前学者们有关论述并不一致。已有研究发现我国各省市公共文化服务和旅游公共服务的特征具有某些共性，但由于各地的政府政策、经济水平、地理位置等不尽相同，每个地区的公共服务效率的影响因素也不相同。

一、有关公共服务效率影响因素综述

从国内研究看，学者们对公共服务效率影响因素问题的关注大都集中在经济发展水平、地理环境、体制机制等方面，既包括宏观因素也包括微观因素。如田家华（2004）指出，在我国，公共服务低效率的原因纷繁复杂，既有公共部门本身难以克服的原因，也有我国历史文化环境的原因，既包含体制因素，也包含观念因素。综合分析可概括为三个方面：历史文化因素、体制因素和公共部门本身特殊的因素。[2] 陈诗一、张军（2008）认为政府规模和区位环境等因素是影响

---

[1] 王华春．公共服务投入效率亟待提升［N］．经济日报，2013－02－21（006）．

[2] 田家华．公共服务效率低下的原因分析：我国公共服务改革的前提［G］//中国行政管理学会．中国行政管理学会2004年年会暨“政府社会管理与公共服务”论文集．中国行政管理学会，2004：4．

公共服务效率的重要因素。[1] 王伟同（2011）在运用DEA方法客观评价中国各地区历年公共服务效率的基础上，基于1978—2008年中国省级数据运用随机效应Tobit面板数据模型实证分析了中国公共服务效率的影响机制，其实证研究表明公共服务效率受到多重因素共同制约，既有宏观经济发展和财政支出结构因素，也有地理环境和社会发展以及政策等因素。[2] 孙德梅、王正沛、孙莹莹（2013）指出人口数量、人均GDP以及FDI对政府公共服务效率产生正向作用；产业结构、地区客运量对政府公共服务效率有较大影响，分别对其产生正向和负向作用。[3] 王华春则从政府和市场的关系出发，认为在推进城镇化进程中，影响公共服务效率的因素首先是政府和市场的边界划分，由于政府提供公共服务的某些领域因资金缺口或短期难以做到，或政绩并不容易及时体现，这些公共产品与服务往往被搁置；其次是体制机制有待理顺，有些公共产品与服务主要由行政部门垄断，民间资本难以参与其中；最后是有效引入市场机制的制度设计问题，需建立开放有序的市场环境，让多方参与者竞争，才能较好地提升公共服务效率。[4] 章霄凯（2017）针对基本公共服务的基础教育、医疗卫生、社会保障三方面内容，测算了2007—2015年我国29个省份的公共服务效率，指出：财政支出模式及科学技术对公共服务效率有很大影响，相比之下基础教育对公共服务效率的影响并不明显，另外，在空间层面上地区与地区的公共服务效率存在一定的联系，即公共服务效率高的省份会对周边省份产生负外部效应，因此推断出省域之间的合作交流并且大力引进人才学习高新技术能够很大程度上改善当地的公共服

---

[1] 陈诗一，张军．中国地方政府财政支出效率研究：1978—2005［J］．中国社会科学，2008（4）：65－78．

[2] 王伟同．中国公共服务效率评价及其影响机制研究［J］．财经问题研究，2011（05）：19－25．

[3] 孙德梅，王正沛，孙莹莹．我国地方政府公共服务效率评价及其影响因素分析［J］．华东经济管理，2013，27（08）：142－149．

[4] 王华春．公共服务投入效率亟待提升［N］．经济日报，2013－02－21（006）．

务效率。[1]

国外对公共服务效率研究较早，对公共服务效率影响因素问题关注多集中于人口因素、居民收入水平以及居民受教育水平等方面。如Athanassopoulos、Triantis（1998）的研究表明人口密度和人口规模对政府公共服务效率具有负面影响。[2] Athanassopoulos认为人口规模与政府公共服务效率呈负相关，因为人口增加会引起交通拥堵以及相应的污染问题，从而降低政府公共服务支出的效率。也有国外学者对人口的影响持不同意见，如Grossman（1999）认为政府提供公共服务存在规模效应，即随着人口的增加，政府管理和监督成本会降低。也就是说人口规模与政府公共服务效率呈负相关。[3]

综上所述，影响公共服务效率的因素包括：经济发展水平、政府规模、区位环境、人口因素、体制机制、财政支出、技术、社会文化等。

二、有关公共文化服务效率影响因素综述

近年来，我国在公共文化服务效率方面研究取得了一些成果，但是对公共文化服务效率影响因素研究缺乏系统性。已有研究多集中于对公共文化服务支出效率和供给效率进行因素分析。

涂斌、王宋涛（2012）选取广东各年份的各地级市政府文化事业费用总支出作为投入变量，选取包括文化部门总产出、文化部门增加值、文化事业机构数以及公共图书馆人均拥有藏书册数作为产出变量，并考虑各年人口密度、文盲率、财政分权指标以及文化政策等影

---

[1] 章霄凯．中国省域基本公共服务效率测度及分布研究［D］．兰州：兰州大学，2017.

[2] Athanassopoulos A，Triantis K. Assessing aggregate cost efficiency and the related policy implications for Greek local municipalities［J］. Information Systems and Operational Research，1998，36（3）：66－83.

[3] Grossman，Mavros，Wassrner. Public sector technical inefficiency in large U. S. cities［J］. Journal of Urban Economics，1999，46（2）：278－299.

响因素，对广东各地级市政府的文化系统的公共文化支出效率进行评估。[1] 杨林、许敬轩（2013）从经济发展水平、财政支出结构、人口密度、政府规模、居民受教育水平和地理位置六个方面分析了其对公共文化服务支出效率的影响，其中居民受教育水平、政府规模、财政支出结构和区位环境等因素被认为是影响公共文化服务效率水平的重要因素。[2] 王银梅等（2015）以地方政府公共文化支出效率测度为出发点，具体分析了影响地方公共文化支出效率的因素，包括制度、财政分权、文化政策、经济发展水平、受教育程度及人口密度等。其中财政分权对公共文化支出效率的影响为负，文化政策、经济发展水平、受教育程度及人口密度因素与公共文化支出效率呈正相关，制度对公共文化支出效率具有重要影响。[3] 吴浩然等（2017）认为财政自主权、居民受教育程度、人均 GDP 和对外开放程度因素对公共文化服务支出效率的影响显著。他们通过实证研究发现：财政自主权和居民受教育程度对公共文化服务支出效率不利，人均 GDP 和对外开放程度对公共文化服务支出效率有利。[4]

也有部分学者对公共文化服务供给效率和生产效率影响因素进行了研究。如孔进（2010）从投入、产出、绩效三个方面对政府提供公共文化服务的能力进行综合测评，主要评价要素包括：公共文化的政府投入规模与结构，政府提供的公共文化服务设施的规模、数量，政府举办公共文化活动的次数、频率，已建公共文化设施利用情况。[5] 吴建军等（2013）对江苏省公共文化服务体系的生产效率进行评价，研究表明文化产业提供的产品和服务对公共文化产品和服务存在一定

---

[1] 涂斌，王宋涛．地方政府公共文化支出效率及影响因素：基于广东 21 个地级市的实证分析［J］．经济问题，2012（3）：18－21．

[2] 杨林，许敬轩．地方财政公共文化服务支出效率评价与影响因素［J］．中央财经大学学报，2013（04）：7－13．

[3] 王银梅，朱耘婵．基于面板数据的地方政府公共文化支出效率研究［J］．经济问题，2015（06）：35－40．

[4] 吴浩然，吴祁宗．地方财政公共文化服务支出的效率评价：基于三阶段 DEA 窗口模型［J］．数学的实践与认识，2017，47（03）：74－83．

[5] 孔进．我国政府公共文化服务提供能力研究［J］．山东社会科学，2010（3）．

程度的替代效应，在影响公共文化服务效率的外部因素中，土地面积、人均 GDP、城市化和教育水平都会对效率产生一定程度的影响，但由于土地面积是不变的，因而影响效率的外部环境因素主要来自居民的需求层面。❶

综上所述，影响公共文化服务效率的因素有：居民受教育水平、人均 GDP、政府规模、财政支出结构、区位环境、文化政策等。

三、有关旅游公共服务效率影响因素综述

国内学者对旅游公共服务效率影响因素研究十分匮乏，已有研究停留在对特定地区旅游效率或旅游业效率评价层面上，没有专门针对旅游公共服务效率进行实证研究，更没有进一步深入探讨是哪些因素造成了旅游公共服务效率不尽相同的局面。

邓洪波、陆林（2014）对安徽省城市旅游综合效率进行测度分析，综合旅游资源、城市规模、经济基础、交通条件和接待能力等因素，分析皖北、皖中和皖南三大地区城市旅游效率差异原因，研究得出城市旅游技术效率是制约安徽省城市旅游综合效率的主要因素，城市旅游效率差异形成是众多因素共同作用的结果。❷ 吴媛媛、宋玉祥（2019）分析了 2003—2017 年中国东北地区旅游业效率时空格局演变特征及驱动因素，结果表明：经济发展水平、旅游资源禀赋、旅游服务设施、交通条件、产业结构等因素在东北地区旅游业效率空间格局演变过程中发挥着不同的作用。❸ 吕倩（2019）认为旅游效率主要影响因素包括经济发展水平、区位交通、科技信息水平、市场潜力、人才支持五个方面，指出经济发展水平是基础保障，区位交通是可靠支持，科技信息水平是有力引擎，市场潜力是重要动力，人才支持是核

---

❶ 吴建军，周锦，顾江．公共文化服务体系效率评价及影响因素研究：以江苏省为例［J］．东岳论丛，2013，34（01）：131－136.

❷ 邓洪波，陆林．基于 DEA 模型的安徽省城市旅游效率研究［J］．自然资源学报，2014，29（02）：313－323.

❸ 吴媛媛，宋玉祥．中国东北地区旅游业效率时空格局演变及驱动因素［J］．地域研究与开发，2019，38（05）：85－90.

心因素。❶ 屈有明等（2020）基于三阶段全要素生产率对中国旅游业的效率进行了研究分析，结果表明：外界环境因素对旅游业全要素生产率影响显著，居民生活水平和出游便利程度的提高能够促进旅游资源的配置，提高旅游业全要素生产率；旅游偏好和区位因素的增强不利于旅游业投入效率的提高。❷

总体来看，学术界目前对公共服务效率影响因素研究很多，但是对公共文化服务效率影响因素的研究还较少，对旅游公共服务效率的影响因素研究就更少了。从已有研究成果来看，影响文化与旅游公共服务效率的原因不能一概而论，要与各地区实际相结合。

第三节　有关文化与旅游公共服务效率测度综述

我国有关文化与旅游公共服务效率测度研究主要包括指标体系构建研究和测度方法研究。在指标体系构建方面，既包括横向指标，也包括纵向指标，有定量指标也有定性指标。在测度方法方面，学者大都应用数据包络分析（简称 DEA）或组合模型评价对文化与旅游公共服务的效率进行测度分析。

一、有关文化与旅游公共服务效率指标体系构建研究

首先，在指标体系构建研究方面，唐任伍、唐天伟（2004）借鉴 IMD 测度政府效率的理论原理，结合中国政府统计数据，从公共服务、公共物品、政府规模、居民福利方面，选择 47 个量化政府效率的指标具体测度我国 31 个省级地方政府的效率。❸ 朱火弟等（2003）在其研究中指出，政府绩效评估是对政府公共部门的工作效率、能

❶ 吕倩．“一带一路”沿线省区旅游产业效率特征及影响因素研究［D］．合肥：安徽大学，2019.

❷ 屈有明，李彦华，闫磊．中国旅游业效率评价及其态势研究：基于三阶段 DEA－Malmquist 指数法［J］．中北大学学报（社会科学版），2020，36（05）：83－90.

❸ 唐任伍，唐天伟．2002 年中国省级地方政府效率测度［J］．中国行政管理，2004（06）：64－68.

力、服务质量、公共责任和公众满意度等方面的分析与评价，以及对政府管理过程中的投入与产出所反映的效果进行评定和划分等级。[1]

其次，从有关公共文化服务效率测度来看，蒋建梅（2008）采用多目标线性加权函数法，分别设置总体指标、供给指标和保障指标等三层指标，并采用德尔菲法筛选一级指标，确定相应权数时则依据平均赋权法，定量地描述了政府公共文化服务体系的绩效。[2] 查卓（2018）选取上海市图书馆、文化馆和博物馆作为研究对象，对上海市公共文化服务体系建设效率进行评价性研究，构建了一个单投入、多产出的公共文化服务建设效率评价指标体系，其中投入指标选择“公共文化支出”，以“人均文化事业费”作为衡量指标；产出指标包括“公共图书馆”“博物馆、纪念馆”以及“群众艺术馆和文化馆”，分别以“人均书刊文献借阅次数”“人均参观次数”和“人均组织活动和展览训练班次数”作为衡量指标。[3] 汤金羽、朱学芳（2019）采取 DEA 分析方法对公共文化云微信公众平台的服务效率进行实证研究，通过建立评价指标体系，利用数据包络分析方法，对华东部分地区 21 个公共文化云微信公众平台进行服务效率评价，对非 DEA 有效的平台进行改进程度测算。[4]

最后，从有关旅游公共服务效率测度研究来看，国外学者托马斯·G. 罗斯（1993）通过将经济效率分成技术效率、配置效率和革新效率三部分来研究我国的经济效率。[5] MiikaLinna、Unto Hakkinen、Thompson（2005）等以英国大曼彻斯特为例，将交通服务质量与旅游目的地满意度结合进行研究，指出游客对旅游地公共交通的感知评价

---

[1] 朱火弟，蒲勇健. 政府绩效评估研究［J］. 改革，2003（6）.

[2] 蒋建梅. 政府公共文化服务体系绩效评价研究［J］. 上海行政学院学报，2008（04）：60 – 65.

[3] 查卓. 上海市公共文化服务效率评价与提升［D］. 上海：华东政法大学，2018.

[4] 汤金羽，朱学芳. 我国公共文化云微信公众平台服务效率评估［J］. 图书馆论坛，2019，39（09）：127 – 134.

[5] Pitt M，Lee L. The measurement and sources of technical inefficiency in Indonesian weaving industry［J］. Journal of Development Econimics，1981（9）：43 – 46.

与游客体验、总体满意度及重游意愿关系密切。❶ Chon（2009）在旅行体验评价模型中，将游客满意度从旅游接待服务等多项尺度进行测量，包括环境吸引物、住宿、饭店、商店、文化娱乐等。❷ 国内学者蔡芳娜、郑杭杭、钱晓燕（2020）以三明市的旅游发展效率为研究对象，从旅游星级饭店旅游数量、导游人数等投入因素以及国内旅游人数、国内旅游收入、入境旅游人数、旅游外汇收入等产出方面研究旅游发展效率。❸ 李志勇（2013）从低碳旅游视角构造了旅游景区碳排放足迹指标，对旅游活动的环境压力进行测度，结合旅游景区碳排放足迹指标，构建了低碳旅游服务提供效率模型与指数。❹ 徐文燕、张青（2015）选取我国 19 个在线旅游供应商作为案例样本，从投入和产出角度选择了十项评价指标，制定了相应的评判标准依据，进行在线旅游服务创新效率评价研究。❺

二、有关文化与旅游公共服务效率测度方法研究

在测度方法方面，国内学者大部分运用数据包络法（DEA 法）对有关文化与旅游公共文化服务效率进行测度分析。在有关公共文化服务效率测度上，孙璐、吴瑞明、李韵（2007）采用 DEA 法对长江三角洲地区的公共服务效率进行评估，发现运用模型法与因子分析法相结合能够得到更好的结果，认为这种结合法也同样适用于其他领域。❻ 侯艳红（2008）通过 DEA 法对我国 24 个省市 2006 年文化产业

---

❶ Thompson K，Schofield P. An investigation of the relationship between public transport performance and destination satisfaction［J］. Journal of Transport Geography，2007，15（2）：136－144.

❷ Um S，Chon K，Ro Y. Antecedents of revisit intention［J］. Annals of Tourism Research，2009，33（4）：1141－1158.

❸ 蔡芳娜，郑杭杭，钱晓燕．全域旅游视域下三明市森林康养旅游效率评价研究［J］. 现代农业研究，2020，26（03）：6－9.

❹ 李志勇．低碳经济视角下旅游服务效率评价方法［J］. 旅游学刊，2013，28（10）：71－80.

❺ 徐文燕，张青．基于 DEA 方法的在线旅游服务创新效率评价研究［J］. 哈尔滨商业大学学报（社会科学版），2015（05）：100－110.

❻ 孙璐，吴瑞明，李韵．公共服务绩效评价［J］. 统计与决策，2007（04）：65－67.

效率的表现进行测度分析。[1] 陈诗一、张军（2008）运用 DEA 法对各省级政府的公共服务支出效率进行比较，将各省公共服务方面的人均财政支出作为政府的投入指标，在教育、医疗卫生及基础设施等方面设立产出指标。[2] 冯涛、李湛（2009）通过 DEA 法对照世界经济论坛《世界竞争力报告》的指标体系，分析了中华人民共和国成立之后我国政府效率的变迁情况。[3] 王家庭、张荣（2009）采用三阶段模型，即传统模型、相似分析模型和调整后的模型，对 2004 年我国 31 个省市文化产业进行了效率评估分析。[4] 杨林、许敬轩（2013）基于 2000—2010 年中国 31 个省份的面板数据，采用 DEA 和 Tobit 两步法比较地方公共文化服务财政支出效率，并根据评价结果构建多元线性回归模型，分析地方财政公共文化服务支出效率的影响因素。[5] 杨济铭、刘明（2019）运用 DEA－Malmquist－Tobit 组合模型对我国 31 个省的大型体育场馆公共体育服务效率进行测度，并对影响其效率水平的因素进行 Tobit 回归。[6]

同时，在有关旅游公共服务效率测度方面，Zongbing Deng（2013）运用 DEA 法对我国重庆的 38 个地区的公共服务财政支出效率做了对比，并运用 Tobit 模型对其相关因素进行了讨论。[7] Chaoyin Wu（2014）则运用 DEA 三阶段法研究了我国农村公共服务效率，并对我国 31 个省份的农村公共服务效率进行比较。[8] 邓洪波、陆林（2014）

---

[1] 侯艳红．文化产业投入绩效评价研究［D］．天津：天津工业大学，2008：31－36.

[2] 陈诗一，张军．中国地方政府财政支出效率研究：1978—2005［J］．中国社会科学，2008（4）.

[3] 冯涛，李湛．建国以来中国政府效率变迁的数量分析：基于 Malmquist 生产率指数的研究［J］．西安交通大学学报（社会科学版），2009（4）.

[4] 王家庭，张荣．基于三阶段 DEA 模型的中国 31 省市文化产业效率研究［J］．中国软科学，2009（9）：75－82.

[5] 杨林，许敬轩．地方财政公共文化服务支出效率评价与影响因素［J］．中央财经大学学报，2013（04）：7－13.

[6] 杨济铭，刘明．我国大型体育场馆公共体育服务效率测度及影响因素研究［G］//中国体育科学学会．第十一届全国体育科学大会论文摘要汇编．中国体育科学学会，2019：3.

[7] Zongbing Deng. Factors influencing the supply efficiency of basic public service at country level［J］. Asian Agricultural Research，2013，5（9）：53－59.

[8] Chaoyin Wu. Study on the supply efficiency of rural public service in China based on three－stage DEA model［J］. Asian Agricultural Research，2014，6（1）：6－13.

采用 DEA 法测度 2005 年和 2010 年安徽省 17 个城市旅游资源利用的综合效率、技术效率和规模效率，利用 Malmquist 生产率指数模型计算各个城市的旅游效率变动情况，分析 2010 年安徽省城市旅游效率的空间分异特征。❶

三、有关文化与旅游公共服务效率测度结果分析

很多学者对地方政府公共文化服务支出效率进行测度分析。如王银梅、朱耘婵（2015）通过对地方政府公共文化支出效率进行静态和动态评估，发现我国地方政府公共文化服务支出效率总体较低，地区不均衡问题显著，公共文化服务支出全要素生产率在考察期内呈现下降趋势等。❷ 任洁（2017）以公共文化服务财政支出情况为分析对象，对政府公共文化服务供给进行了测评。结果表明，政府公共文化服务支出规模不稳定，各地公共文化服务差距明显，财政支出效率总体上有待提高，公共文化服务财政支出未能充分合理使用等情况，使得现代公共文化服务体系建设遭遇瓶颈。❸ 还有一些学者从“投入”与“供给”角度测度分析公共文化服务效率。比如，谭秀阁、王峰虎（2011）通过对我国 31 个省、市、自治区和直辖市的公共文化投入效率测度分析，指出我国公共文化产业整体还不成熟，投入效率整体波动明显，存在很大的效率提升空间。❹ 申亮、王玉燕（2017）根据我国 31 个省级政府 2001—2013 年的面板数据，测算我国公共文化服务的政府供给效率，发现高效率地区和低效率地区差异显著，反映出明显的公共文化服务政府供给效率不均等。❺ 查建平、王挺之（2015）

---

❶ 邓洪波，陆林．基于 DEA 模型的安徽省城市旅游效率研究［J］．自然资源学报，2014，29（02）：313－323.

❷ 王银梅，朱耘婵．基于面板数据的地方政府公共文化支出效率研究［J］．经济问题，2015（06）：35－40.

❸ 任洁．基于边际支出与效率测评的公共文化服务供给研究：以福建为例［J］．中国海洋大学学报（社会科学版），2017（06）：72－77.

❹ 谭秀阁，王峰虎．基于 DEA 的我国公共文化投入效率研究［J］．发展研究，2011（02）：90－93.

❺ 申亮，王玉燕．我国公共文化服务政府供给效率的测度与检验［J］．上海财经大学学报，2017，19（02）：26－37，49.

以四川省成都市26家景区为评估对象，将环境因素纳入景区旅游效率与旅游生产率测度框架，结合以景区碳足迹表征的生态环境压力指标，构建了考虑环境因素的景区旅游效率与旅游生产率测度模型。结果显示，各景区旅游效率有升有降，但对应变化幅度相对较小，多数景区生产环节效率的增减是旅游效率变化的关键，但也有少数景区因环境治理效率的下降而出现旅游效率整体下滑现象。[1]

综上所述，关于文化与旅游公共服务效率测度的研究尚未形成系统的理论体系，还存在一些问题。一是关于文化与旅游公共服务效率测度研究方法较少，集中于探讨DEA法；二是关于旅游公共服务效率测度理论构建不足，理论研究滞后于实践。

第四节　有关文化与旅游公共服务效率面临问题及提升对策综述

一、有关文化与旅游公共服务效率面临问题综述

通过对相关文献进行梳理，国内关于文化与旅游公共服务效率面临的问题主要是：各地区文化与旅游公共服务效率差异大、政策规划不合理、结构不完善、社会参与度不够。

陈昌盛、蔡跃洲（2007）在其编著的《中国公共服务发展报告2006》中利用DEA法对包括基础教育、公共卫生、社会保障、基础设施、环境保护、科学技术、公共安全以及一般公共服务在内的八个公共服务项目共计165项指标进行效率评价，指出我国当前政府公共服务整体呈现出总体水平偏低、发展不平衡、效率低、水平趋同等特征。[2] 陈立旭（2015）指出我国公共文化服务长期以来存在实施主体总量不足、产品和服务种类单一、供给面窄、结构不合理、不均衡等

---

❶ 查建平，王挺之．环境约束条件下景区旅游效率与旅游生产率评估［J］．中国人口·资源与环境，2015，25（05）：92－99.

❷ 陈昌盛，蔡跃洲．中国政府公共服务：体制变迁与地区综合评估［M］．北京：中国社会科学出版社，2007：8－22.

问题。❶ 韩慧（2019）运用 DEA 三阶段模型、超效率 DEA 模型和 Malmquist 模型对我国西部 12 个省的公共文化服务供给效率进行测算，研究发现西部地区公共文化服务还存在资金吸引政策不完善、增长缓慢的资金比例同西部文化事业发展的需求不适应、设施规划不合理、文化设施使用率低、基层文化设施建设薄弱、群众参与率低及文化活动缺乏价值内涵等一系列难题。❷ 何莲、廖青虎（2017）以我国 31 个省 2012—2013 年的面板数据为样本测算其服务效率，发现我国各地区公共文化服务效率的空间分布较零散，未形成规律的空间分布带，不利于我国公共文化服务体系的构建。❸ 任洁（2017）以公共文化服务财政支出情况为分析对象，对福建省政府公共文化服务供给进行测评，实证结果表明：政府公共文化支出规模不稳定，各地公共文化服务差距明显，财政支出效率总体上有待提高，公共文化财政支出未能充分合理使用等情况，使得现代公共文化服务体系建设遭遇瓶颈。❹ 田景苑（2019）采用 DEA – Malmquist 方法对 2011—2017 年 31 个省份的县市级文化馆面板数据进行测度分析，发现我国县市级文化馆平均服务效率存在地区差异明显、投入产出结构不合理、资源浪费等问题。❺

二、有关文化与旅游公共服务效率提升对策研究

为了改进公共文化服务和旅游公共服务效率，学术界的研究主要可以概括为从制度层面、技术层面、管理层面以及社会层面进行提升。

一是关于公共文化服务效率提升探究方面。任洁（2017）认为

---

❶ 陈立旭．公共文化服务的均等化与效率［J］．中共浙江省委党校学报，2015，31（01）：19 – 25.

❷ 韩慧．西部省区公共文化服务供给效率评价研究［D］．兰州：兰州大学，2019.

❸ 何莲，廖青虎．基于广义加法模糊 DEA 的公共文化服务效率测算［J］．武汉理工大学学报（信息与管理工程版），2017，39（03）：306 – 310.

❹ 任洁．基于边际支出与效率测评的公共文化服务供给研究：以福建为例［J］．中国海洋大学学报（社会科学版），2017（06）：72 – 77.

❺ 田景苑．中国县市级文化馆公共文化服务效率评价研究［D］．成都：西南交通大学，2019.

"十三五"规划伊始，在新的历史时期提升政府公共文化服务供给能力，除加大政府投入力度外，还应借助社会力量，拓展资金来源渠道，同时提高公共文化财政资金的利用效率，优化支出结构。[1] 吴建军等（2013）认为提高公共文化服务体系的生产效率，政府部门不仅需要完善公共文化服务财政支出绩效管理制度，健全政府行为监督机制等内部制度，而且还要积极协调文化事业和文化产业的关系，并考虑不同地区、公共文化服务的实际需求，完善需求信息的收集和分析机制，根据居民自下而上的反馈有针对性地提供公共文化产品和服务。同时，建设投资要重点向经济发展和教育水平较为落后的乡镇地区倾斜，改善乡镇地区的服务网络和供给能力。[2] 查卓（2018）基于对上海市公共文化服务效率的案例分析，从完善公共文化服务顶层设计、优化公共文化服务投入机制、推进图书馆（联盟）PDA 推广应用等方面提出了旨在提高上海市公共文化服务建设成效的对策和建议。[3] 田景苑（2019）根据对中国县市级文化馆公共文化服务效率评价研究，结合当前我国县市级文化馆的发展现状，从优化投入产出结构，发挥科技效能，加大西部地区投入力度以及加强人才队伍建设等方面提出意见与建议。[4] 韩慧（2019）提出了以下五点提升西部省区公共文化服务供给效率的对策建议：第一，建立健全文化事业财政支出管理制度；第二，提升公共文化机构的管理和服务效能；第三，开设公共文化服务群众需求反馈渠道；第四，提高从业人员的整体素质和服务能力；第五，促进公共文化服务数字化建设。[5]

二是关于旅游公共服务效率提升探究。王莹、王昱通过对浙江 9 个典型县（市）乡村旅游公共服务效率进行研究，发现乡村旅游公共

---

[1] 任洁．基于边际支出与效率测评的公共文化服务供给研究：以福建为例［J］．中国海洋大学学报（社会科学版），2017（06）：72－77.

[2] 吴建军，周锦，顾江．公共文化服务体系效率评价及影响因素研究：以江苏省为例［J］．东岳论丛，2013，34（01）：131－136.

[3] 查卓．上海市公共文化服务效率评价与提升［D］．上海：华东政法大学，2018.

[4] 田景苑．中国县市级文化馆公共文化服务效率评价研究［D］．成都：西南交通大学，2019.

[5] 韩慧．西部省区公共文化服务供给效率评价研究［D］．兰州：兰州大学，2019.

服务效率存在技术效率低下现象，体现在资金、劳动、土地要素的过度投入。针对问题，他们提出了加快共享项目投资信息、引导乡村旅游产业集聚、建设乡村旅游流动公共服务平台以及引进专业从业人才等对策建议。[1] 李爽（2010）针对旅游公共服务供给的效率本质进行了探讨，并进一步探索旅游公共服务有效供给的优化途径。他认为，旅游公共服务有效供给不仅要强调供给的效率问题，而且要考虑其公平供给的问题，做到旅游公共服务的有效供给，总的目标就是旅游公共服务的供给应与旅游公共服务的需求在总量和结构上相适应。[2] 查建平、王挺之（2015）在环境约束下景区旅游效率与旅游生产率测度的基础上，提出低碳经济背景下旅游景区发展的对策与建议：倡导低碳发展理念，强化绿色旅游服务产品开发，优化景区旅游服务产品结构；降低传统化石能源比重，优化景区能耗结构；重视景区环境治理工作，增加碳汇。[3] 徐文燕等（2015）对各在线旅游企业服务创新效率进行了比较，认为在线旅游市场创新是在线旅游市场发展的驱动力，也是未来的主要发展趋势，提出在政策法规、合作模式及服务价值方面的旅游企业服务创新提升策略。[4] 李志勇（2013）从低碳经济视角出发探寻提升旅游服务效率的路径，指出政府旅游管理部门要从环境与经济效益两个维度出发，着力优化景区能源消费结构，完善与强化景区节能减排标准体系的构建与执行力度，推进“资源节约型、环境友好型”两型景区旅游产业的发展。对景区自身而言，首先要树立正确的发展思路，以环境—经济协调发展作为景区旅游管理体系的内核，在对自身低碳旅游服务提供效率有一个正确、客观认识的基础上，借鉴前沿景区发展思路与管理方法，探寻与构建完善的低碳旅游

---

[1] 王莹，王昱．基于 DEA 模型的乡村旅游公共服务绩效评估与优化研究：以浙江典型县（市）为例［J］．江苏商论，2018（02）：67－71.

[2] 李爽．旅游公共服务有效供给的效率本质与实现研究［J］．广东科技，2010，19（10）：72－74.

[3] 查建平，王挺之．环境约束条件下景区旅游效率与旅游生产率评估［J］．中国人口·资源与环境，2015，25（05）：92－99.

[4] 徐文燕，张青．基于 DEA 方法的在线旅游服务创新效率评价研究［J］．哈尔滨商业大学学报（社会科学版），2015（05）：100－110.

生产模式与消费体系。[1] 方叶林（2014）通过对中国省域旅游业效率及演化机理的研究，提出了旅游业效率优化提升路径：避免盲目追求旅游业低水平重复建设，重点打造特色旅游精品；避免盲目追求区域发展速度，提倡区域经济的精明增长；逐步完善旅游业发展规章制度，创新旅游业发展制度环境；重视文化产业发展，促进旅游与文化产业协同发展。[2]

总体来看，已有研究对于中国地方政府文化与旅游公共服务效率问题的分析还相对稀少，特别是缺乏全方位、宽领域、多角度、从全国层面上的有关文化与旅游公共服务效率研究。同时，对于文化与旅游公共服务效率影响因素的内在关系还有待进一步的实证分析验证。此外，后疫情时代，在“文旅融合”发展大背景下，我国文化与旅游公共服务发展实际状况与公共服务基础理论之间存在差别，有关文化与旅游公共服务效率的概念还存在一定的局限性，对如何提升我国文化与旅游公共服务效率还需要进行大量的理论研究、数据分析、实践经验总结。

❶ 李志勇. 低碳经济视角下旅游服务效率评价方法［J］. 旅游学刊，2013，28（10）：71－80.

❷ 方叶林. 中国省域旅游业效率及演化机理研究［D］. 南京：南京师范大学，2014.

第三章　文化与旅游公共服务效率研究思路及方法

第一节　文化与旅游公共服务效率研究思路

一、研究背景及意义

文化与旅游业是我国不少地方政府辖区的支柱产业，并受到中央政府的高度关注。“实现文化和旅游深度融合发展”是我国“十三五”规划明确提出的战略目标。在 2019 年的政府工作报告中，国务院总理李克强明确要求发展壮大文化旅游产业。随着经济社会发展质量的不断提高，居民更加向往美好的物质和精神文化生活，文化与旅游消费便成为一种新的生活需求，发展文化与旅游业逐渐成了各地经济发展的重要方式。但是，2020 年的新冠疫情给我国文化与旅游业带来前所未有的挑战。疫情防控背景下，为了保障人民健康及生命财产安全，各地方政府按照国家统一部署，将辖区内所有文化娱乐场所、酒店客栈、景区（景点）及旅行社等关停。虽然国内疫情已经得到有效控制，但是境外疫情的复杂性在未来一段时间还是会长期存在，这使得我国文化与旅游业复苏与发展面临不小的挑战。在此背景下，提升文化与旅游公共服务效率将是我国文化与旅游业转型升级、质量提升的有效路径。因此，分析后疫情时代文化与旅游行业的发展现状及趋势，定量考察我国代表性的地方政府——31 个省级政府、333 个地级市政府（含自治州、盟、旗）的文化与旅游公共服务效率，具有比较重要的现实意义。

同时，文化与旅游业因资源消耗少、对环境危害小而被称为绿色产业，不少地方政府将其作为战略新兴产业予以重点发展。近年来，我国文化和旅游产业总量规模稳步增长，发展质量逐步提升，消费潜力进一步释放，逐渐成为经济社会高质量发展的重要引擎。进一步发挥文化与旅游产业的拉动作用，需要大力提升文化与旅游公共服务效率。这是因为：作为政府效率的主要内容之一的文化与旅游公共服务效率不但影响地方政府辖区内庞大经济资源的使用效率，而且间接制约当地社会资源的有效配置，与各地经济社会发展息息相关。关注、提升后疫情时代文化与旅游公共服务效率，不但有助于促进包括文化与旅游在内的产业高质量发展、提升乡村振兴战略实施成效，而且有助于丰富文化与旅游产业研究内涵、补充城乡二元经济理论，因此，具有比较重要的学术价值。

二、文化与旅游公共服务效率研究思路

文化与旅游公共服务是地方政府提供辖区公共服务的重要方面，文化与旅游公共服务效率是政府效率的主要内容及形式。作为政府效率的一部分，文化与旅游公共服务效率就具有与政府效率相似的属性。由于政府效率可以量化分析，因此借鉴政府效率的研究理论、测度方法、测度指标就可以寻觅文化与旅游公共服务效率理论依据、测度方法，构建相应指标体系，测度、分析文化与旅游公共服务效率。

尽管《中国地方政府效率研究报告》已经出版、发布10年，为我国地方政府、学术界及社会组织提供了系统观察、研究地方政府履职效率的参考，促进了我国地方政府效率的整体提升，但是在常态化疫情防控及经济社会高质量发展背景下，社会和居民对政府职能转变、文化与旅游公共服务要求日益强烈，因此拓展地方政府效率研究范围、新增《中国地方政府效率研究报告》分册：《后疫情时代我国地方政府文化与旅游公共服务效率研究报告》就成为当务之急、时代之需。

本书基于后疫情时代文化与旅游业发展现状及趋势，通过梳理

有关文化与旅游公共服务效率研究文献，诠释文化与旅游公共服务效率内涵及特点，然后借鉴中国地方政府效率研究思路，构建包括文化与旅游基础公共服务、文化与旅游服务成效、文化与旅游管理成本等因素及其子因素、指标组成的指标体系，结合来自国内公开出版的统计年鉴及地方政府网站的相关数据及信息，运用标准逆差法及指标测度法测度、比较我国省级政府、地级市政府的文化与旅游公共服务效率，分析地方政府文化与旅游公共服务效率面临的问题并提出提升建议。

第二节　文化与旅游公共服务效率测度方法与指标体系

一、文化与旅游公共服务效率测度方法

测度文化与旅游公共服务效率主要借用了《中国地方政府效率报告》及地方政府效率研究方法，主要有两种：一是通过建立模型计算既定文化与旅游公共资源（如财政预算）条件下地方政府所提供的最大产出或者既定文化与旅游公共服务供给的前提下所消耗的最少公共资源来测度文化与旅游公共服务效率；二是通过建立可量化的指标（包括硬指标、软指标）体系来测度文化与旅游公共服务效率。第一种方法往往运用于研究地方政府竞争力、政府效率、政府技术效率时所采用的方法；第二种方法则是《中国地方政府效率研究报告》一直沿用的方法，因此被借鉴来测度、比较我国 31 个省级政府和 333 个地级市政府的文化与旅游公共服务效率。这是因为该方法比较简单易行、客观科学，具有合理性。

二、文化与旅游公共服务效率测度指标体系

（一）文化与旅游公共服务效率测度指标体系构建思路

与政府效率测度指标体系构建相似，建立文化与旅游公共服务效率测度指标体系是考察文化与旅游公共服务效率的前提及基础，也是

改进文化与旅游公共服务效率的科学依据。因此，建立文化与旅游公共服务测度指标体系也应遵循指标可行性、全面性、指标数据可获取性、科学性等基本原则，能够衡量文化与旅游公共服务效率相关的人力、物力和制度等文化与旅游公共服务投入，以及文化与旅游收入等文化与旅游公共服务产出。

同时，构建文化与旅游公共服务效率测度指标体系要兼顾定量与定性指标。一方面，文化与旅游公共服务效率测度指标体系要尽量选择能够量化的指标，以便通过数据开展客观比较分析，增加评价的科学性；另一方面，也要适当选用定性指标，因为测度文化与旅游公共服务效率的某些投入或产出指标难以衡量，只能采用定性判断获取信息。根据文化与旅游公共服务效率内涵、评价原则，本书建立了我国地方政府文化与旅游公共服务效率测度指标体系（见表3.1、表3.2）。

基于我国文化与旅游产业发展现状、结合文化与旅游公共服务效率内涵及理论依据，参考地方政府在履行文化与旅游公共服务职能的财政支出情况，根据测度指标数据的可获得性，本书发现我国地方政府文化与旅游公共服务效率主要体现在文化与旅游基础公共服务、服务成效以及管理成本三个方面。因此，文化与旅游公共服务效率测度指标应该包括这三大方面及其相关内容。其中，基础公共服务是文化与旅游公共服务效率考察的基础和重点，主要包含文化基础公共服务、旅游基础公共服务以及文化与旅游公共信息服务等，因为基础设施建设完备程度是文化与旅游业可持续发展的保障，文化与旅游业的发展离不开基础公共服务，比如图书馆等基础文化设施、旅游交通基础设施；文化与旅游服务成效主要从文化与旅游政策效果以及服务效益两个方面衡量文化与旅游公共服务效率，主要评估地方政府对于文化与旅游业的关注程度、政策的落实情况以及在文化与旅游业方面的产出；文化与旅游管理成本指标在于测量地方政府在文化与旅游业管理层面投入的人力及物力。

（二）文化与旅游公共服务效率测度指标数据来源

测度我国政府文化与旅游公共服务效率的指标数据及信息均来自我国公开出版的年鉴（如《中国统计年鉴》）以及各地方政府官方网站公布的相关最新信息，比如2019年省级政府/地级市政府国民经济与社会发展统计公报等，指标名称及其数据原始值均来自这些渠道，有的指标数据是本书作者对源于统计年鉴数据、政府网站相关信息进行加工转换而来的。所有指标数据及其标准化值都是以省级政府、地级市政府为单位计算出来的，基本反映我国31个省级政府和333个地级市政府的文化与旅游公共服务效率。当然，对于少部分无法从统计年鉴或者政府网站获取到的指标数据，本书则通过对该地方政府所在地区其他同类地方政府相关指标的平均值和最低值的二次平均推算得到数据。比如，有的地级市政府（比如阿拉善盟等）的网站基本不公布该报告所需的相关数据，所以只能推算得出。同时，该方法通过其他地级市政府（能查找到完整测度指标数据的地级市政府）验证，并与真实数据误差较小，所以采用该方法推算得出的测度指标数据具有较高可信度。

（三）文化与旅游公共服务效率测度指标权重

由于各测度指标和文化与旅游公共服务效率的相关性及重要性不同，本书根据德尔菲法确定各个指标权重：邀请10位文化与旅游研究专家多次为指标权重独立进行打分，最后综合各专家意见制定了指标体系权重（见表3.1及表3.2）。其中，测度因素文化与旅游基础公共服务、文化与旅游服务成效、文化与旅游管理成本的权重分别为0.60、0.30和0.10；文化与旅游基础公共服务所含文化基础公共服务、旅游基础公共服务、文化与旅游公共信息服务子因素的权重分别为0.25、0.50和0.25；文化与旅游服务成效所含文化与旅游政策效果、文化与旅游服务效益子因素的权重分别为0.30和0.70；其他指标均为平均权重。

表 3.1　2020 年省级政府文化与旅游公共服务效率测度指标（33 个）及权重

因素及权重	子因素及权重	指标（平均权重）
文化与旅游基础公共服务（0.60）	文化基础公共服务（0.25）	1. “三馆”数量［个/(人×平方千米)］
		2. 万人拥有群众文化设施建筑面积（平方米）
		3. 人均拥有公共图书馆藏书量（册）
		4. 出版物发行网点（处/万人）
		5. 城市人均公园绿地面积（平方米）
	旅游基础公共服务（0.50）	6. 铁路密度（千米/平方千米）
		7. 公路密度（千米/百平方千米）
		8. 旅客周转量（亿人千米）
		9. 机场旅客吞吐量（万人次）
		10. 万人拥有公共汽电车运营车数（辆）
		11. 交通事故发生数（起）（逆指标）
		12. 旅行社数量（家/万人）
		13. 星级饭店数量（家/万人）
		14. AAAA、AAAAA 级景区数量（家）
		15. 限额以上住宿和餐饮业法人企业数量（家）
		16. 城市每万人拥有公共厕所数量（座）
	文化与旅游公共信息服务（0.25）	17. 微博关注量（个）
		18. 微信订阅数（个）
		19. 信息发布数量（条）
		20. 留言办理时间（天）（逆指标）
		21. 文化与旅游法律法规数量（条）
文化与旅游服务成效（0.30）	文化与旅游政策效果（0.30）	22. 文旅工作要点公开
		23. 旅游产业发展大会及影响
		24. 疫情防控政策及影响
	文化与旅游服务效益（0.70）	25. 公共图书馆人均流通人次（人次）
		26. 艺术表演团体演出场次（场次/万人）
		27. 提供文化服务次数（次/万人）
		28. 限额以上住宿业企业营业额（亿元）
		29. 旅游总人次（万人次）
		30. 旅游总收入（亿元）

续表

因素及权重	子因素及权重	指标（平均权重）
文化与旅游管理成本（0.10）		31. 文化与旅游政府机构数量［个/(人×平方千米)］
		32. 文化与旅游管理部门从业人员数量［人/(人×平方千米)］
		33. 文化传媒支出占地方一般公共预算支出比重（%）

表3.2　2020年中国地级市政府文化与旅游公共服务效率测度指标（22个）及权重

因素及权重	子因素及权重	指标（平均权重）
文化与旅游基础公共服务（0.60）	文化基础公共服务（0.25）	1. “三馆”数量［个/(人×平方千米)］
		2. 人均拥有公共图书馆藏书量（册）
		3. 城市人均公园绿地面积（平方米）
	旅游基础公共服务（0.50）	4. 公路密度（千米/百平方千米）
		5. 旅客周转量（亿人千米）
		6. 交通事故发生数（起）（逆指标）
		7. 旅行社数量（家/万人）
		8. 星级饭店数量（家/万人）
		9. AAAA、AAAAA级景区数量（家）
		10. 餐饮、住宿从业人员数量（万人）
		11. 限额以上住宿和餐饮业法人企业数量（家）
		12. 城市每万人拥有公共厕所数量（座）
	文化与旅游公共信息服务（0.25）	13. 微博关注量（个）
		14. 微信订阅数（个）
		15. 信息发布数量（条）
		16. 留言办理时间（天）（逆指标）
文化与旅游服务成效（0.30）	文化与旅游政策效果（0.40）	17. 旅游产业发展大会及影响
		18. 疫情防控政策及影响
	文化与旅游服务效益（0.60）	19. 旅游总人次（万人次）
		20. 旅游总收入（亿元）
文化与旅游管理成本（0.10）		21. 文化与旅游政府机构数量［个/(人×平方千米)］
		22. 文化与旅游管理部门从业人员数量［人/(人×平方千米)］

三、文化与旅游公共服务效率测度过程

本书遵循前文论述的测度思路及方法，结合相应指标体系，收集相应指标信息及数据，然后梳理成测度文旅公共服务效率指标的原始数据，之后计算各测度指标的平均值和标准差，然后再根据标准差计算各指标的标准化值，再经加权计算文化与旅游公共服务效率测度的标准化值。

计算地方政府文化与旅游公共服务效率测度指标的标准差和标准化值的公式为：

$$S = \sqrt{\frac{1}{n}\sum_{i=1}^{n}(X_i - \overline{X})^2}$$

$$(STD)_i = (X_i - \overline{X})/S$$

其中，X_i 为 i 测度指标的原始值；$\overline{X}$为 i 指标的平均值；n 为地方政府文化与旅游公共服务效率测度样本数量；$(STD)_i$为标准化值，S 为标准差。

测度文化与旅游公共服务效率及其子因素、因素的标准化值是相关指标的标准化值的加权平均值或简单平均值。比如，省级政府文化基础公共服务的标准化值是“三馆”数量［个/(人×平方千米)］、万人拥有群众文化设施建筑面积（平方米）、人均拥有公共图书馆藏书量（册）、出版物发行网点（处/万人）、城市人均公园绿地面积（平方米）等指标标准化值的简单平均数；文化与旅游基础公共服务的标准化值是其三个子因素的标准化值的加权平均值，其中文化基础公共服务（含5个指标）占0.25权重，旅游基础公共服务（含11个指标）占0.50权重，文化与旅游公共信息服务（含5个指标）占0.25权重；文化与旅游服务成效的标准化值是文化与旅游政策效果（含3个指标）、文化与旅游服务效益（含6个指标）两个子因素标准化值的加权平均数；而文化与旅游管理成本（不含子因素）的标准化值是其所含指标的标准化值的简单平均数。这样一来，文化与旅游公共服务效率的标准化值就是文化与旅游基础公共服务、文化与旅游服

务成效以及文化与旅游管理成本三个因素的标准化值的加权平均值。然后，本书根据测度子因素、因素及文化与旅游公共服务效率的标准化值大小进行排名，一般情况下，标准化值大的地方政府排在前面，标准化值小的排在后面；对于逆指标（本书已将其数据转换成正指标排名），则采用相反的排名，即标准化值小的排在前面，标准化值大的排在后面，以此对地方政府文化与旅游公共服务效率及其因素、子因素进行排名、分析。

第四章　2020 年中国地方政府文化与旅游公共服务效率“十高省”

借鉴中国地方政府效率测度方法，结合地方政府文化与旅游公共服务效率研究思路，参考省级政府在文化与旅游基础公共服务、文化与旅游服务成效、文化与旅游管理成本等方面实际情况，根据相关测度指标体系及数据来源，本书定量评估我国省级政府、地级市政府文化与旅游公共服务效率相对水平，发布 2020 年中国地方政府文化与旅游公共服务效率排行榜，公布 2020 年中国省级政府文化与旅游公共服务效率测度结果排名全国前 10 位的省级政府，即文化与旅游公共服务效率“十高省”，以及地级市政府文化与旅游公共服务效率测度结果排名全国前 100 位的地级市政府，即文化与旅游公共服务效率“百高市”。本章重点分析 2020 年文化与旅游公共服务效率“十高省”。2020 年省级政府文化与旅游公共服务指标数据来源及处理说明、测度样本名单参考附录 1.1、附录 2.1。

第一节　文化与旅游公共服务效率“十高省”测度排名与分析

根据设计的测度指标体系及方法，本书测度 2020 年我国 31 个省级政府文化与旅游公共服务效率，公布 2020 年地方政府文化与旅游公共服务效率“十高省”的标准化值及排名，如表 4.1 所示。

表 4.1　2020 年中国地方政府文化与旅游公共服务效率“十高省”的标准化值及排名

省（区/市）	区域	标准化值	排名
浙江省	华东	0.8452	1
北京市	华北	0.5537	2
广东省	中南	0.5269	3
山东省	华东	0.5123	4
江苏省	华东	0.4498	5
安徽省	华东	0.2823	6
上海市	华东	0.1368	7
河南省	中南	0.1366	8
重庆市	西南	0.1335	9
湖北省	中南	0.1071	10

从表 4.1 可以看出，2020 年我国省级政府文化与旅游公共服务效率“十高省”分布具有三个特征。

第一，省级政府文化与旅游公共服务效率标准化值排名总体上呈阶梯形分布。华东地区的浙江省等表现比较优秀，进入“十高省”的数量最多。这就是说，按照由高到低排名，我国省级政府文化与旅游公共服务效率“十高省”的区域分布数量基本呈现“华东—中南—华北—西南—东北”的阶梯形分布趋势，即文化与旅游公共服务效率“十高省”中，华东地区数量最多，有 5 个（浙江省、山东省、江苏省、安徽省、上海市）；中南地区数量较多，有 3 个（广东省、河南省、湖北省）；西南地区有 1 个（重庆市）；华北地区有 1 个（北京市）。

第二，同一区域内不同省级政府文化与旅游公共服务效率排名高低差异明显。有的省级政府文化与旅游公共服务效率排名明显低于同一区域内其他省级政府文化与旅游公共服务效率。例如，华北地区的北京市政府文化与旅游公共服务效率排名全国第 2，而同一区域内的山西省等省级政府文化与旅游公共服务排名却没有进入“十高省”榜单。又如，中南地区的广东省政府文化与旅游公共服务效率排名全国第 3，而该地区的海南省等省级政府文化与旅游公共服务效率排名也无缘“十高省”行列。此外，类似的情况也出现在华东地区和西南地区，所以同一地区的不同省级政府文化与旅游公共服务效率高低排名具有较大的差异性。究其原因，同一区域不同省级政府辖区的经济社会发展质量、文化与旅游公共服务水平等具有较大的差异性。例如，就华北地区的北京市和山西省而言，一方面，北京是我国的首都，其经济社会发展质量很高，文化与旅游公共服务十分完善，相关资源特别丰富，政府执行力强，文化与旅游公共服务效率高；另一方面，山西省是煤炭大省，产业转型升级任务较重，经济社会发展水平，特别是文化与旅游公共服务欠佳，有关文化与旅游基础设施有待完善，管理运营能力不高，文化和旅游的黏合度不够，致使文化与旅游产业尚未形成规模效应，导致当地政府文化与旅游公共服务效率不高。又如，比较中南地区的广东省和海南省可以发现，广东省是我国经济社会发展强省，其经济社会发展质量很高，文化与旅游公共服务基础设施比较完善，导致当地政府文化与旅游公共服务的执行力和效率都很高；另外，海南省正处于经济社会发展追赶阶段，有关文化与旅游公共服务有待优化，文化与旅游公共服务资源配置效率及治理质量有待进一步提升。

第三，省级政府文化与旅游公共服务效率排名和区域经济发展水平之间具有一定的正相关性。文化与旅游公共服务效率较高的省级政府，其辖区经济社会发展质量较高。例如，北京市、广东省、上海市、浙江省等省级政府文化与旅游公共服务效率排名靠前、效率很高，其所辖区域经济社会发展质量也很高。反之，文化与旅游公共服务效率排名滞后，即文化与旅游公共服务效率较低的省级政府，其辖区经济社会发展也比较滞后。因此，切实优化文化和旅游公共服务，不断提升文化与旅游公共服务质量与效率，有助于省级政府提升文旅消费对经济社会发展的贡献度、文旅融合发展对人民美好生活的贡献度、文旅行业对辖区安全生产的贡献度，促进省级政府辖区经济社会高质量发展。

由于文化与旅游基础公共服务、文化与旅游服务成效、文化与旅游管理成本是我国省级政府文化与旅游公共服务效率测度的3个因素，是省级政府提升文化与旅游公共服务效率的重要路径，深入分析它们的排名及特征，有助于进一步认识、提升省级政府文化与旅游公共服务效率。

第二节　文化与旅游公共服务效率“十高省”测度因素排名与分析

一、2020 年文化与旅游基础公共服务排名与分析

文化与旅游基础公共服务包括文化基础公共服务、旅游基础公共服务、文化与旅游公共信息服务 3 个子因素，共 21 个指标，被赋予 0.60 权重。这是影响省级政府文化与旅游公共服务效率的主要因素，不但包含的指标数量多，而且反映了文化与旅游公共服务的主要内容，是影响省级政府文化与旅游公共服务效率的重要指标。2020 年省级政府文化与旅游基础公共服务全国前 10 名的标准化值及排名，如表4.2 所示。

表 4.2　2020 年省级政府文化与旅游基础公共服务全国前 10 名的标准化值及排名

省（区/市）	区域	标准化值	排名
北京市	华北	0.9496	1
浙江省	华东	0.7980	2
广东省	中南	0.6696	3
山东省	华东	0.5465	4
上海市	华东	0.3815	5
江苏省	华东	0.3768	6
重庆市	西南	0.1470	7
宁夏回族自治区	西北	0.1181	8
河南省	中南	0.0535	9
内蒙古自治区	华北	-0.0017	10

表4.2 表明，我国省级政府文化与旅游基础公共服务前 10 位的分布具有两个特征。

一是省级政府文化与旅游基础公共服务比较类似文化与旅游公共

服务效率的分布特点。比较表 4.2 及表 4.1 后发现，文化与旅游基础公共服务排名靠前的省级政府，其文化与旅游公共服务效率排名也比较靠前。例如，文化与旅游基础公共服务全国排名靠前的省级政府，即浙江省、北京市、广东省、山东省、江苏省、上海市、河南省、重庆市等，其文化与旅游公共服务效率排名也居前。同时，文化与旅游基础公共服务排名靠后的省级政府，其文化与旅游公共服务效率排名也不靠前。比如，文化与旅游基础公共服务排名没有进入全国前 10 名的省级政府，诸如吉林省、甘肃省、山西省、江西省等，其文化与旅游公共服务效率排名也未进入全国前 10 名；因此，文化与旅游基础公共服务排名基本反映了我国省级政府文化与旅游公共服务效率水平，这从侧面佐证了文化和旅游公共服务融合发展有助于提升省级政府文化与旅游公共服务效率。

二是文化与旅游基础公共服务的区域差异性较大。一方面，区域之间的省级政府文化与旅游基础公共服务差异明显。文化与旅游基础公共服务排在前 10 名的省级政府来自华东地区的较多，而来自西北地区和东北地区的较少。比如，文化与旅游公共服务排在全国前 10 名的省级政府中，有 4 个来自华东地区（浙江省、山东省、上海市、江苏省），有 1 个来自西北地区（宁夏），而东北地区则没有进入前 10 名的省级政府。另一方面，同一区域内不同省级政府之间的差异突出。比如，华东地区的浙江省文化与旅游基础公共服务位居全国第 2 名，而同一地区的江西省排名却比较滞后，排在全国第 28 名。与此类似，华北地区的北京市排在全国第 1 名，而同一地区的山西省却排在第 29 名，二者排名悬殊。

二、2020 年文化与旅游服务成效排名与分析

文化与旅游服务成效包括文化与旅游政策效果和文化与旅游服务效益 2 个子因素，共 9 个指标，被赋予 0.30 权重，它不但表征省级政府对文化与旅游公共服务的重视程度，而且反映当地文化与旅游公共服务发展水平，能侧面反映省级政府文化与旅游公共服务收益与产出，是衡量省级政府文化与旅游公共服务效率的重要外溢指标。2020

年我国省级政府文化与旅游服务成效全国前10名的标准化值及排名，见表4.3。

表4.3　2020年省级政府文化与旅游服务成效全国前10名的标准化值及排名

省（区/市）	区域	标准化值	排名
浙江省	华东	1.2036	1
安徽省	华东	0.7722	2
江苏省	华东	0.6572	3
上海市	华东	0.6326	4
北京市	华北	0.6301	5
山东省	华东	0.4787	6
湖北省	中南	0.3924	7
广东省	中南	0.3911	8
四川省	西南	0.2162	9
山西省	华北	0.1383	10

通过分析表4.3数据，不难发现我国省级政府文化与旅游服务成效排名所具有的区域性特征。比如，按照排名由高到低看，省级政府文化与旅游服务成效排名大致呈现华东—华北—中南—西南—西北/东北的阶梯形分布趋势，因为文化与旅游服务成效排在全国前10名的省级政府中，华东地区有5个（浙江省、安徽省、江苏省、上海市、山东省），约占华东地区7个省级政府文化与旅游公共服务效率测度样本的71%；华北地区有2个（北京市、山西省），占华北地区5个省级政府文化与旅游公共服务效率测度样本的40%；中南地区有2个（湖北省、广东省），约占中南地区6个省级政府文化与旅游公共服务效率测度样本的33%；西南地区有1个（四川省），占西南地区5个省级政府文化与旅游公共服务效率测度样本的20%；西北地区、东北地区则没有省级政府进入全国前10名。

因此，文化与旅游服务成效测度结果的优劣不但影响省级政府文化与旅游公共服务效率高低，而且制约省级政府辖区文化与旅游产业发展质量的高低。坚持高质量发展，统筹推进文化事业、文化产业和旅游业发展，重视推动文化和旅游产业高水平融合、高质量发展，实现文化和旅游产业增加值增速不低于省级政府辖区的经济社会发展增速，有利于提高文化与旅游公共服务效率。

三、2020 年文化与旅游管理成本排名与分析

文化与旅游管理成本包括文化与旅游政府机构数目、文化与旅游管理部门从业人员数量、文化传媒支出占地方一般公共预算支出比重3 个指标，反映了有关文化与旅游公共服务机构数目、政府人员数量及对文化公共服务的财政投入的相对值，被赋予 0.10 的权重。本书综合考虑省级政府所辖区域的总人口及总面积，使文化与旅游管理成本及其相关测度指标比较符合省级政府文化与旅游管理的实际情况，更加科学反映省级政府文化与旅游公共服务效率。2020 年我国省级政府文化与旅游管理成本全国前 10 名的标准化值及排名如表 4.4 所示。

表 4.4　2020 年省级政府文化与旅游管理成本全国前 10 名的标准化值及排名

省（区/市）	区域	标准化值	排名
黑龙江省	东北	0.7656	1
河南省	中南	0.6654	2
云南省	西南	0.6242	3
广西壮族自治区	中南	0.6123	4
安徽省	华东	0.5849	5
辽宁省	东北	0.4806	6
贵州省	西南	0.4743	7
江西省	华东	0.4678	8
重庆市	西南	0.4662	9
新疆维吾尔自治区	西北	0.4623	10

注：文化与旅游管理成本是测度省级政府文化与旅游公共服务效率的逆指标，本书已将其转换成正指标，即文化与旅游管理成本测度标准化值越大，则文化与旅游管理成本越小、排名越靠前，其相应省级政府文化与旅游公共服务效率越高。

表 4.4 表明，我国省级政府文化与旅游管理成本分布具有两个明显的特征。一是区域之间的差异性明显。比如，文化与旅游管理成本全国排在前 10 名的省级政府多数来自中部地区、西部地区和东北地

区，而华东地区仅有2个省级政府（即安徽省和江西省）进入前10名；二是同一区域内部不同省级政府之间的差异巨大。比如，华东7个省级政府的文化与旅游管理成本排名悬殊。其中，安徽省和江西省排名进入全国前10名，而上海市、浙江省、江苏省、福建省、山东省等省级政府排名却未进入全国前10名。

比较表4.1及表4.4，本书认为，从区域之间看，文化与旅游管理成本对不同区域的省级政府文化与旅游公共服务效率具有双重影响。一方面，西南、西北等欠发达地区，正处于经济社会发展质量加速提升阶段，其文化与旅游管理成本的增加对提升当地政府文化与旅游公共服务效率具有积极效应。加快当地文化与旅游业发展，增加文化与旅游公共服务就业岗位，有利于提升政府文化与旅游公共服务效率。另一方面，在高质量发展背景下，我国中南、华东等相对发达地区，由于产业升级、环境保护等方面压力都较大，省级政府在文化与旅游服务管理上投入过多会扩大政府文化与旅游消费规模，增加当地文化与旅游公共服务供给成本，降低文化与旅游公共服务质量，不利于改进政府文化与旅游公共服务效率。

因此，推进省级政府辖区文化与旅游融合发展，在增加文化与旅游公共服务管理成本的同时，应注意不断创新省级政府文化与旅游服务管理方式、控制政府过度消费，优化文化与旅游产业发展环境，充分发挥省级政府文化及旅游发展专项资金的引导作用，才能提升当地文化与旅游公共服务质量与效率。

第三节　文化与旅游公共服务效率“十高省”测度子因素排名与分析

一、2020年文化基础公共服务排名与分析

文化基础公共服务包含“三馆”数量等3个指标，是省级政府文化与旅游基本公共服务的主要子因素，被赋予0.25权重。2020年省级政府文化基础公共服务全国前10名的标准化值及排名，如表4.5所示。

表 4.5　2020 年省级政府文化基础公共服务全国前 10 名的标准化值及排名

省（区/市）	区域	标准化值	排名
北京市	华北	1.8087	1
上海市	华东	1.6625	2
浙江省	华东	0.9422	3
宁夏回族自治区	西北	0.9295	4
江苏省	华东	0.7020	5
天津市	华北	0.3700	6
西藏自治区	西南	0.2715	7
重庆市	西南	0.1564	8
广东省	中南	0.1510	9
新疆维吾尔自治区	西北	0.0429	10

比较表 4.1 及表 4.5 后发现，省级政府文化基础公共服务排名分布具有两个特征。一是文化基础公共服务排名与省级政府文化与旅游公共服务排名具有较强的相关性。文化基础公共服务测度结果排在全国前列、表现特别优秀的省级政府，如北京市、上海市、浙江省、江苏省、广东省、重庆市等，其政府文化与旅游公共服务效率排名也比较靠前。同时，文化基础公共服务测度结果排名相对靠后的省级政府，如海南省、吉林省等，其省级政府文化与旅游公共服务效率也不高，没有进入全国前 10 名。二是省级政府文化基础公共服务测度结果排名在区域之间相对均衡。例如，除东北地区以外，全国排在前 10 位的省级政府中，华东地区有 3 个（上海市、浙江省、江苏省），华北地区有 2 个（北京市、天津市），西北地区有 2 个（宁夏回族自治区、新疆维吾尔自治区），西南地区也有 2 个（西藏自治区、重庆市）。

可见，文化基础公共服务测度结果的优劣不仅影响地方政府文化与旅游公共服务效率的高低，而且影响区域经济社会发展质量的高低。制定、落实有关推动省级政府文化与旅游公共服务高质量发展、提升文化与旅游公共服务水平的政策措施，深入推进新冠疫情防控常态化背景下各地公共数字文化与旅游工程融合创新发展，健全支持开展群众性文化与旅游活动机制，有助于提高省级政府文化与旅游公共服务效率及省域经济社会发展质量。

二、2020 年旅游基础公共服务排名与分析

旅游基础公共服务包括公路密度等 9 个指标，是省级政府文化与旅游基本公共服务的主要子因素，被赋予 0. 50 权重。2020 年省级政府旅游基础公共服务全国前 10 名的标准化值及排名，如表 4. 6 所示。

表 4. 6　2020 年省级政府旅游基础公共服务全国前 10 名的标准化值及排名

省（区/市）	区域	标准化值	排名
广东省	中南	1. 2204	1
北京市	华北	0. 7284	2
浙江省	华东	0. 6119	3
江苏省	华东	0. 5014	4
山东省	华东	0. 4808	5
河南省	中南	0. 4409	6
上海市	华东	0. 2481	7
四川省	西南	0. 1614	8
福建省	华东	0. 1445	9
湖北省	中南	0. 1255	10

旅游基础公共服务是省级政府文化与旅游基本公共服务的主要内容，旨在提升游客旅游体验、避免旅游安全事故、保证企业和个人安全健康的旅游生活环境，维护社会稳定。

表 4. 6 表明，2020 年省级政府旅游基础公共服务具有区域差异性。从全国排名前 10 位的省级政府数量区域分布看，旅游基础公共服务测度排名数量占地区比例呈现区域差异化特征。其中，华东地区、中南地区旅游基础公共服务表现较好，东北地区旅游基础公共服务欠佳。例如，旅游基础公共服务全国排名前 10 的省级政府中，华东地区有 5 个（浙江省、江苏省、山东省、上海市、福建省），约占华东地区 7 个省级政府文化与旅游公共服务效率测度样本的 71%；中南地区有 3 个（广东省、河南省、湖北省），占中南地区 6 个省级政府文化与旅游公共服务效率测度样本的 50%；西南和华北地区各有 1

个，分别占西南和华北地区5个省级政府文化与旅游公共服务效率测度样本的20%。而东北地区的省级政府旅游基础公共服务排名没有进入全国前10名。

因此，重视优化旅游基础公共服务，坚持以提供优质旅游产品和服务为中心，严守旅游基础公共服务领域的政治安全和生产安全底线，有助于实现旅游高质量发展、提升文化与旅游公共服务效率。

三、2020年文化与旅游公共信息服务排名与分析

文化与旅游公共信息服务包括微博关注量等5个指标，是省级政府文化与旅游基础公共服务的主要子因素，被赋予0.25权重。2020年省级政府文化与旅游公共信息服务全国前10名的标准化值及排名，如表4.7所示。

表4.7　2020年省级政府文化与旅游公共信息服务全国前10名的标准化值及排名

省（区/市）	区域	标准化值	排名
山东省	华东	1.1948	1
浙江省	华东	1.0258	2
重庆市	西南	0.8673	3
河北省	华北	0.5341	4
北京市	华北	0.5329	5
内蒙古自治区	华北	0.4773	6
黑龙江省	东北	0.4251	7
湖南省	中南	0.2030	8
云南省	西南	0.2014	9
宁夏回族自治区	西北	0.1688	10

分析表4.7后看出，山东省、浙江省、重庆市等来自华东、西南等地区的省级政府，其文化与旅游公共信息服务排名比较靠前。其可能的原因在于：当地经济社会发展质量较高，通过科技手段提升文化与旅游公共信息服务效能、建立健全文化与旅游信息服务平台、增强旅游监管与服务平台建设等措施发展文化与旅游公共服务业。与此同时，少数来自我国欠发达地区的省级政府，如河北省、宁夏回族自治

区、内蒙古自治区等也通过扩展当地文旅品牌影响力、加大对当地文化与旅游资源的推介力度等举措，改善文化与旅游公共信息服务，使其全国排名也跻身前10名。因此，省政府运用科技手段加强文化与旅游公共信息服务，有利于提升省级文旅领域治理现代化水平及智慧文旅平台建设成效。

四、2020年文化与旅游政策效果排名与分析

文化与旅游政策效果是测度省级政府文化与旅游公共服务效率的主要因素，被赋予0.30的权重，下设3个定性指标，分别是：文旅工作要点公开、旅游产业发展大会及影响、疫情防控政策及影响。2020年省级政府文化与旅游政策效果全国前10名的标准化值及排名，如表4.8所示。

表4.8　2020年省级政府文化与旅游政策效果全国前10名的标准化值及排名（含并列）

省（区/市）	区域	标准化值	排名
安徽省	华东	1.2348	1
西藏自治区	西南	1.2348	1
北京市	华北	1.2348	1
上海市	华东	0.7910	2
甘肃省	西北	0.7910	2
湖北省	中南	0.5760	3
山西省	华北	0.5760	3
黑龙江省	东北	0.5760	3
山东省	华东	0.4196	4
江苏省	华东	0.3471	5
福建省	华东	0.2046	6
江西省	华东	0.2046	6
浙江省	华东	0.1322	7
四川省	西南	0.1322	7
青海省	西北	0.1322	7
内蒙古自治区	华北	0.1322	7
河南省	中南	-0.1668	8
广西壮族自治区	中南	-0.1668	8

续表

省（区/市）	区域	标准化值	排名
陕西省	西北	-0.1668	8
贵州省	西南	-0.2393	9
海南省	中南	-0.3957	10
吉林省	东北	-0.3957	10

表4.8表明，我国省级政府文化与旅游政策效果排名分布具有两个明显特点。

一是各地省级政府文化与旅游政策效果较好。例如：华东地区的安徽省、上海市、山东省和江苏省等文化与旅游政策效果分别排在全国第1、第2、第4、第5名；华北地区的北京市、山西省、内蒙古自治区等分别位列全国第1、第3和第7；又如，西南地区的西藏自治区、四川省等分别位居全国第1、第7。

二是文化与旅游政策效果测度结果排名并列的省级政府数量较多。比如，安徽省、西藏自治区、北京市3个省级政府并列全国第1名，湖北省、山西省、黑龙江省等并列全国第3名。这既反映了省级政府普遍重视文化与旅游政策，又表明了省级政府在推进文化与旅游政策实施公开进展节奏比较同步。

五、2020年文化与旅游服务效益排名与分析

文化与旅游服务效益包括公共图书馆人均流通人次等6个指标，是文化与旅游服务成效的主要子因素，直接反映省级政府文化与旅游公共服务效率，被赋予0.70的权重。2020年省级政府文化与旅游服务效益测度结果全国前10名的标准化值及排名见表4.9。

表4.9 2020年省级政府文化与旅游服务效益测度结果全国前10名的标准化值及排名

省（区/市）	区域	标准化值	排名
浙江省	华东	1.6628	1
广东省	中南	1.0106	2
江苏省	华东	0.7901	3
安徽省	华东	0.5740	4

续表

省（区/市）	区域	标准化值	排名
上海市	华东	0.5648	5
山东省	华东	0.5040	6
北京市	华北	0.3709	7
湖北省	中南	0.3137	8
重庆市	西南	0.2556	9
河南省	中南	0.2524	10

文化与旅游服务效益反映了省级政府文化与旅游公共服务的数量及质量，是体现政府文化与旅游公共服务效率的主要指标。由表4.9可知，我国省级政府文化与旅游服务效益前10名分布具有两个特点。

一是省级政府文化与旅游服务效益具有明显的区域差异。从文化与旅游服务效益全国排名前10位的省级政府数量区域分布可以看出，华东地区和西南地区的省级政府文化与旅游服务效益比较高，排名比较靠前，而东北地区、西南地区、华北地区则表现欠佳，排名相对靠后。其中，华东地区进入全国前10名的省级政府数量最多，包括浙江省、江苏省、安徽省、上海市、山东省5个；中南地区次之，有广东省、湖北省、河南省3个；华北地区和西南地区各有1个，分别是北京市、重庆市；而东北地区则没有进入全国前10名的省级政府。

二是省级政府文化与旅游服务效益排名分布态势也比较类似文化与旅游公共服务效率排名分布。按照进入前10名的省级政府数量多少，我国文化与旅游服务效益排在前10名的省级政府区域分布数量也基本呈现出“华东—中南—华北—西南—东北”的阶梯形分布趋势。同时，文化与旅游服务效益排名靠前的省级政府，其文化与旅游公共服务效率排名也相对靠前。例如，文化与旅游服务效益排名前10名的省级政府，即浙江省、广东省、江苏省、安徽省、上海市、山东省、北京市、湖北省、重庆市、河南省，其政府效率排名也位居全国前10。另外，文化与旅游服务效益排名欠佳的省级政府，其文化与旅游公共服务效率排名也不靠前。例如，文化与旅游服务效益排名未进入全国前10名的省级政府，如甘肃省、青海省、吉林省、海南省、天津市等，其文化与旅游公共服务效率排名也不靠前，也没有进入全国前10名。因此，文化与旅游服务效益基本反映了我国省级文化与旅游公共服务效率水平，这从侧面证明了我国文化与旅游公共服务取得的成效。因此，进一步完善我国省级政府文化与旅游公共服务体系，实施文化旅游惠民工程，深入推进文化与旅游公共服务便捷化，持续实施基层文化与旅游公共服务效能提升“十百千”示范工程等改革是提高省级政府文化与旅游服务效率的重要措施。

第五章　2020年中国地方政府文化与旅游公共服务效率“百高市”

除31个省级政府外，本书还将333个地级行政区纳入文化与旅游公共服务效率测度样本，包括293个地级市、7个地区、30个自治州、3个盟，统一简称为“地级市政府”。它们分别来自我国六大地区，其中华东地区76个、中南地区83个、西南地区53个、西北地区51个、华北地区34个、东北地区36个。2020年地级市政府文化与旅游公共服务效率测度指标数据来源及处理说明、测度样本参考附录1.2、附录2.2。

为了相互学习、借鉴，在此分析文化与旅游公共服务效率测度结果排在全国前100名的地级市政府，被称为中国地方政府文化与旅游公共服务效率“百高市”，并按照华东、中南、西南、西北、华北、东北六个区域予以分析。

第一节　文化与旅游公共服务效率“百高市”测度排名与分析

根据第三章论述的地方政府文化与旅游公共服务效率测度思路及方法，本节公布2020年中国地方政府文化与旅游公共服务效率“百高市”的标准化值及排名，如表5.1所示。

表 5.1 2020 年地方政府文化与旅游公共服务效率“百高市”的标准化值及排名

城市	标准化值	地区排名	全国排名	城市	标准化值	地区排名	全国排名
华东地区							
杭州市	1.5189	1	3	菏泽市	0.2547	23	46
绍兴市	1.0328	2	5	新余市	0.2415	24	49
青岛市	1.0038	3	7	济南市	0.2413	25	50
厦门市	0.8368	4	9	临沂市	0.2385	26	51
福州市	0.8212	5	10	南通市	0.2215	27	55
苏州市	0.7996	6	12	舟山市	0.2191	28	56
南京市	0.7760	7	13	赣州市	0.2185	29	57
徐州市	0.6599	8	16	镇江市	0.2085	30	59
台州市	0.5583	9	19	金华市	0.2014	31	61
合肥市	0.4960	10	22	温州市	0.1953	32	65
烟台市	0.4801	11	23	常州市	0.1864	33	66
宁波市	0.4692	12	24	安庆市	0.1805	34	67
九江市	0.4610	13	26	芜湖市	0.1632	35	69
无锡市	0.4063	14	30	漳州市	0.1426	36	74
泰安市	0.3648	15	32	龙岩市	0.1319	37	78
上饶市	0.3536	16	33	黄山市	0.1246	38	82
南昌市	0.3229	17	36	湖州市	0.1202	39	83
衢州市	0.3011	18	37	六安市	0.1009	40	89
嘉兴市	0.2885	19	39	潍坊市	0.0942	41	92
吉安市	0.2718	20	42	淄博市	0.0939	42	93
扬州市	0.2630	21	44	济宁市	0.0915	43	95
宜春市	0.2552	22	45				
中南地区							
武汉市	1.7961	1	2	佛山市	0.2040	13	60
广州市	1.3736	2	4	江门市	0.1729	14	68
深圳市	0.8135	3	11	株洲市	0.1580	15	71
衡阳市	0.7555	4	14	梅州市	0.1409	16	75
郑州市	0.5823	5	17	恩施土家族苗族自治州	0.1324	17	77
长沙市	0.5731	6	18	新乡市	0.1250	18	81
东莞市	0.5365	7	20	十堰市	0.1016	19	88
桂林市	0.4976	8	21	永州市	0.0979	20	90
南宁市	0.4385	9	29	郴州市	0.0918	21	94

续表

城市	标准化值	地区排名	全国排名	城市	标准化值	地区排名	全国排名
洛阳市	0.3806	10	31	许昌市	0.0890	22	96
宜昌市	0.3520	11	34	肇庆市	0.0851	23	97
开封市	0.2538	12	47	襄阳市	0.0799	24	99
西南地区							
成都市	1.8736	1	1	遵义市	0.2704	6	43
昆明市	0.9269	2	8	黔东南苗族侗族自治州	0.1999	7	62
贵阳市	0.7054	3	15	铜仁市	0.1349	8	76
广安市	0.2991	4	38	乐山市	0.1065	9	86
安顺市	0.2871	5	40	毕节市	0.0955	10	91
西北地区							
西安市	1.0189	1	6	宝鸡市	0.1270	4	80
兰州市	0.1625	2	70	延安市	0.1117	5	85
克拉玛依市	0.1525	3	72				
华北地区							
石家庄市	0.4645	1	25	唐山市	0.1512	8	73
秦皇岛市	0.3234	2	35	晋中市	0.1318	9	79
鄂尔多斯市	0.2764	3	41	太原市	0.1200	10	84
保定市	0.2242	4	53	呼和浩特市	0.1062	11	87
阿拉善盟	0.2087	5	58	长治市	0.0830	12	98
张家口市	0.1962	6	63	运城市	0.0780	13	100
承德市	0.1960	7	64				
东北地区							
吉林市	0.4547	1	27	长春市	0.2316	4	52
大连市	0.4521	2	28	沈阳市	0.2233	5	54
哈尔滨市	0.2521	3	48				

第一，我国六大地区之间的地级市政府文化与旅游公共服务效率差异比较明显。其中，华东地区、中南地区的地级市政府文化与旅游公共服务效率较高。比如，文化与旅游公共服务效率排名前30名的地级市政府中，华东地区有杭州市等14个、中南地区有武汉市等9

个，西南地区有成都市等3个、西北地区有西安市1个、华北地区有石家庄市1个、东北地区有吉林市等2个。又如，文化与旅游公共服务效率“百高市”中，华东地区有杭州市等43个，约占华东地区76个地级市的56.6%；中南地区有广州市等24个，约占中南地区83个地级市的28.9%；西南地区有成都市等10个，约占西南地区53个地级市的18.9%；西北地区有西安市等5个，约占西北地区51个地级市的9.8%；华北地区有秦皇岛市等13个，约占华北地区34个地级市的38.2%；东北地区有吉林市等5个，约占东北地区36个地级市的13.9%。

第二，同一区域内不同地级市政府文化与旅游公共服务效率高低悬殊。比如，在华东地区，排名全国第3的杭州市和排名全国第95的济宁市差距很大，二者排名相差92名；杭州市政府文化与旅游公共服务效率测度标准化值（1.5189）是济宁市政府文化与旅游公共服务效率测度标准化值（0.0915）的16.6倍。又如，在中南地区，同属湖北省的武汉市、襄阳市，其文化与旅游公共服务效率差距也十分明显。排在全国第2名的武汉市与排在全国第99名的襄阳市，二者排名相差97名；武汉市政府文化与旅游公共服务效率测度标准化值（1.7961）是襄阳市标准化值（0.0799）的近23倍。另外，西南地区的成都市（全国排名第1）与毕节市（全国排名第91）之间、西北地区的西安市（排名全国第6）与延安市（排名全国第85）之间、华北地区的石家庄市（排名全国第25）与运城市（排名全国第100）之间的文化与旅游公共服务效率差距也异常突出。

第三，虽然西北地区地级市政府文化与旅游公共服务效率总体偏低，但西安市政府文化与旅游公共服务效率却独领风骚、十分抢眼。其文化与旅游公共服务效率标准化值为1.0189，排名全国第6。这不仅优于本地区其他地级市政府，而且优于经济社会发展质量较高的华东地区和中南地区的大多数地级市政府。比如，西安市政府文化与旅游公共服务效率排名不仅远远高于本地区的兰州市（标准化值0.1625，全国排名第70）、克拉玛依市（标准化值0.1525，全国排名第72）、宝鸡市（标准化值0.1270，全国排名第80）、延安市（标准化值 0.1117，全国排名第 85），还远高于中南地区的洛阳市（标准化值 0.3806，全国排名第 31）、开封市（标准化值 0.2538，全国排名第 47）和华东地区的济南市（标准化值 0.2413，全国排名第 50）、黄山市（标准化值 0.1246，全国排名第 82）。

第四，区域之间地级市政府文化与旅游公共服务效率排名与经济社会发展质量之间存在一定的正向关联性。比如，从总体上来说，经济社会发展质量较高的华东、中南地区地级市政府文化与公共服务效率高于经济社会发展质量欠佳的东北、西南、西北地区；同时，在华东、中南、西南等地区内部，不同地级市政府文化与旅游公共服务效率也与其经济社会发展质量具有一定的关联性。因此，地级市政府既能通过追求经济社会发展质量提升当地文化与旅游公共服务效率，也能通过提高地级市政府文化与旅游公共服务效率促进辖区经济社会高质量发展。

2020 年地级市政府文化与旅游公共服务效率测度指标体系由文化与旅游基础公共服务、文化与旅游服务成效、文化与旅游管理成本 3 个因素、5 个子因素，共 22 个指标构成（见表 3.2）。以下将具体分析文化与旅游公共服务效率测度因素及子因素全国排名前 100 的区域分布特征。

第二节　文化与旅游公共服务效率“百高市”测度因素排名与分析

一、2020 年文化与旅游基础公共服务排名与分析

（一）地级市政府文化与旅游基础公共服务简介

文化与旅游基础公共文化服务（0.60）（括号里的数字表示地级市政府文化与旅游公共服务效率测度因素或子因素的权重，下同）反映了地级市政府提供文化与旅游基础公共服务的数量和质量，表示地级市政府产出及收益，是测度地级市政府文化与旅游公共服务效率的

主要因素（即一级指标），下设3个子因素（即二级指标）和16个三级指标。3个子因素分别是文化基础公共服务（0.25）、旅游基础公共服务（0.50）和文化与旅游公共信息服务（0.25）（见表3.2）。

（二）地级市政府文化与旅游基础公共服务前100名分析

2020年地级市政府文化与旅游基础公共服务全国前100名的标准化值及排名如表5.2所示。

表5.2 2020年地级市政府文化与旅游基础公共服务全国前100名的标准化值及排名

城市	标准化值	地区排名	全国排名	城市	标准化值	地区排名	全国排名
华东地区							
杭州市	1.2767	1	6	淄博市	0.2042	23	50
青岛市	1.2302	2	7	威海市	0.1885	24	57
绍兴市	1.1258	3	8	宁波市	0.1777	25	59
福州市	1.0523	4	9	镇江市	0.1425	26	67
厦门市	1.0436	5	10	六安市	0.1421	27	68
景德镇市	1.0065	6	12	潍坊市	0.1373	28	70
泰安市	0.7424	7	15	嘉兴市	0.1363	29	71
舟山市	0.6522	8	16	常州市	0.1355	30	72
烟台市	0.6471	9	17	济宁市	0.1277	31	73
南京市	0.5972	10	19	莆田市	0.1015	32	76
苏州市	0.5355	11	22	漳州市	0.0974	33	78
扬州市	0.4536	12	26	合肥市	0.0961	34	79
菏泽市	0.4279	13	27	南昌市	0.0956	35	80
南通市	0.3348	14	33	龙岩市	0.0718	36	85
无锡市	0.3148	15	35	萍乡市	0.0710	37	86
东营市	0.2891	16	36	池州市	0.0458	38	89
衢州市	0.2862	17	37	吉安市	0.0399	39	93
新余市	0.2755	18	39	泰州市	0.0392	40	94
临沂市	0.2522	19	41	连云港市	0.0292	41	98
台州市	0.2456	20	42	日照市	0.0292	42	99
枣庄市	0.2427	21	43	黄山市	0.0287	43	100
济南市	0.2394	22	45				
中南地区							
三沙市	2.6473	1	1	南宁市	0.1956	13	53

续表

城市	标准化值	地区排名	全国排名	城市	标准化值	地区排名	全国排名
广州市	1.5106	2	3	珠海市	0.1893	14	55
武汉市	1.4847	3	4	桂林市	0.1853	15	58
深圳市	1.3838	4	5	鄂州市	0.1693	16	62
衡阳市	1.0186	5	11	北海市	0.1592	17	63
东莞市	0.9365	6	13	海口市	0.1536	18	65
洛阳市	0.5027	7	23	宜昌市	0.1161	19	74
三亚市	0.4875	8	25	潮州市	0.1050	20	75
开封市	0.4257	9	28	恩施土家族苗族自治州	0.0624	21	88
郑州市	0.2689	10	40	十堰市	0.0440	22	90
佛山市	0.2396	11	44	许昌市	0.0366	23	97
长沙市	0.2006	12	51				
西南地区							
成都市	1.5388	1	2	安顺市	0.0882	5	81
广安市	0.2787	2	38	攀枝花市	0.0760	6	82
贵阳市	0.1738	3	60	林芝市	0.0423	7	92
遵义市	0.1537	4	64				
西北地区							
克拉玛依市	0.7469	1	14	石嘴山市	0.1716	8	61
嘉峪关市	0.6441	2	18	中卫市	0.0977	9	77
西安市	0.5788	3	20	固原市	0.0730	10	83
喀什地区	0.4995	4	24	乌鲁木齐市	0.0725	11	84
兰州市	0.2126	5	48	张掖市	0.0382	12	95
临夏回族自治州	0.2081	6	49	甘南藏族自治州	0.0375	13	96
金昌市	0.1886	7	56				
华北地区							
鄂尔多斯市	0.5534	1	21	石家庄市	0.2308	6	46
阿拉善盟	0.3600	2	30	呼和浩特市	0.1960	7	52
保定市	0.3546	3	31	秦皇岛市	0.1401	8	69
乌海市	0.3383	4	32	包头市	0.0624	9	87

续表

城市	标准化值	地区排名	全国排名	城市	标准化值	地区排名	全国排名
乌兰察布市	0.3302	5	34				
东北地区							
大连市	0.3803	1	29	沈阳市	0.1526	4	66
哈尔滨市	0.2149	2	47	长春市	0.0439	5	91
伊春市	0.1931	3	54				

由表5.2可知，我国地级市政府文化与旅游基础公共服务效率前100名的区域分布具有三个特征。

第一，六大地区的地级市政府文化与旅游基础公共服务水平整体较高。比如，文化与旅游基础公共服务全国排名前30的地级市中，既有华东地区的杭州市等13个地级市，又有中南地区的三沙市等9个地级市，还有西南地区的成都市，西北地区的克拉玛依市等4个地级市，华北地区的鄂尔多斯市等2个地级市以及东北地区的大连市。又如，全国排名前100位的地级市政府中，华东地区有43个，约占华东地区76个地级市政府的56.6%；中南地区有23个，约占中南地区83个地级市政府的27.7%；西南地区有7个，约占西南地区53个地级市政府的13.2%；西北地区有13个，约占西北地区51个地级市政府的25.5%；华北地区有9个，约占华北地区34个地级市政府的26.5%；东北地区有5个，约占东北地区36个地级市政府的13.9%。由此可见，我国每个地区至少都有13%的地级市政府文化与旅游基础公共服务效率位居全国前100名，即排在全国333个地级市政府文化与旅游公共服务效率测度样本中的前1/3左右。因此，每个地区的地级市政府文化与旅游基础公共服务效率水平较高。

第二，各地区的地级市政府文化与旅游基础公共服务水平总体表现存在一定差距。比如，华东地区有13个地级市（约占华东地区地级市总数的17.1%）排名全国前30位，有43个地级市（约占华东地区地级市总数的56.6%）进入全国前100名；中南地区有9个地级市（约占中南地区地级市总数的10.8%）排名全国前30位，有23个地级市（约占中南地区地级市总数的27.7%）进入全国前100名；西北地区有 4 个地级市（约占西北地区地级市总数的 7.8%）排名全国前 30 位，有 13 个地级市（约占西北地区地级市总数的 25.5%）进入全国前 100 名；华北地区有 2 个地级市（约占华北地区地级市总数的 5.9%）排名全国前 30 名，有 9 个地级市（约占华北地区地级市总数的 26.5%）进入全国前 100 名；而西南地区、东北地区各有 1 个地级市进入全国前 30 名，分别约占所在地区地级市总数的 1.9%、2.8%，这与华东地区、中南地区、华北地区以及西北地区存在明显差距。不难看出，各地区文化与旅游基础公共服务水平不同、存在差距，其中，华东地区与中南地区的地级市政府表现较好，而其他地区表现相对欠佳。

第三，同一地区内部的不同地级市政府文化与旅游基础公共服务差异较大。例如：华东地区的杭州市（全国排名第 6）与该地区的黄山市（全国排名第 100）相差 94 名；中南地区的三沙市（全国排名第 1）与该地区的许昌市（全国排名第 97）相差 96 名；西南地区的成都市（全国排名第 2）与该地区的林芝市（全国排名第 92）相差 90 名；西北地区的克拉玛依市（全国排名第 14）和该地区的甘南藏族自治州（全国排名第 96）相差 82 名；华北地区的鄂尔多斯市（全国排名第 21）与该地区的包头市（全国排名第 87）相差 66 名；东北地区的大连市（全国排名第 29）与该地区的长春市（全国排名第 91）相差 62 名。

由此表明，一方面，中央政府近年来加快提升文化和旅游公共服务资源共享、推进文化与旅游公共服务融合发展、加快补齐文化与旅游基础公共服务短板，促进了文化与旅游公共服务发展的高质量及高效率；另一方面，由于各地资源丰裕度不同、发展路径各异、政策执行力不同，导致各地文化与旅游基础公共服务非均衡。因此，全面实现文化与旅游基础公共服务均等化、促进各地均衡发展，是提高我国地级市政府文化与旅游公共服务效率的重要措施。

二、2020 年文化与旅游服务成效排名与分析

（一）地级市政府文化与旅游服务成效简介

文化与旅游服务成效反映了地级市政府开展文化与旅游服务的效

果，直接体现了其文化与旅游公共服务效率，是测度地级市政府文化与旅游公共服务效率的主要因素，被赋予0.30的权重，其下设文化与旅游政策效果（0.40）和文化与旅游服务效益（0.60）2个子因素，以及旅游产业发展大会及影响等4个指标（见表3.2）。

（二）地级市政府文化与旅游服务成效前100名分析

2020年地级市政府文化与旅游服务成效全国前100名的标准化值及排名，如表5.3所示。

表5.3　2020年地级市政府文化与旅游服务成效全国前100名的标准化值及排名

城市	标准化值	地区排名	全国排名	城市	标准化值	地区排名	全国排名
华东地区							
杭州市	2.4254	1	5	嘉兴市	0.6973	20	36
徐州市	2.0943	2	7	芜湖市	0.6795	21	37
九江市	1.5365	3	9	金华市	0.6599	22	39
苏州市	1.5071	4	10	新余市	0.5608	23	49
合肥市	1.3723	5	13	福州市	0.5406	24	50
南京市	1.3317	6	14	湖州市	0.5310	25	53
台州市	1.2891	7	16	镇江市	0.5115	26	55
温州市	1.2435	8	17	舟山市	0.4766	27	62
上饶市	1.2018	9	18	衢州市	0.3983	28	67
绍兴市	1.1283	10	20	黄山市	0.3937	29	69
宁波市	1.1241	11	21	烟台市	0.3719	30	75
南昌市	0.8922	12	24	常州市	0.3203	31	79
厦门市	0.8896	13	25	南平市	0.2710	32	85
宜春市	0.8726	14	26	景德镇市	0.2654	33	87
无锡市	0.8040	15	29	济南市	0.2503	34	90
青岛市	0.8008	16	30	淮南市	0.2265	35	95
赣州市	0.7494	17	32	龙岩市	0.2232	36	96
吉安市	0.7318	18	34	聊城市	0.2112	37	99
安庆市	0.7253	19	35	马鞍山市	0.2059	38	100
中南地区							
武汉市	2.9294	1	3	梅州市	0.4613	14	63
广州市	1.4715	2	11	玉林市	0.3978	15	68

续表

城市	标准化值	地区排名	全国排名	城市	标准化值	地区排名	全国排名
长沙市	1.4349	3	12	衡阳市	0.3922	16	71
郑州市	1.3295	4	15	新乡市	0.3881	17	74
桂林市	1.1985	5	19	湘潭市	0.3410	18	77
南宁市	0.9782	6	23	肇庆市	0.3254	19	78
宜昌市	0.8554	7	28	恩施土家族苗族自治州	0.3029	20	82
江门市	0.6736	8	38	云浮市	0.2993	21	84
岳阳市	0.6155	9	43	怀化市	0.2511	22	89
株洲市	0.5820	10	46	张家界市	0.2444	23	91
永州市	0.5386	11	51	汕头市	0.2417	24	92
邵阳市	0.4884	12	58	许昌市	0.2304	25	94
郴州市	0.4774	13	61	来宾市	0.2210	26	97
西南地区							
昆明市	3.1082	1	1	遵义市	0.4937	8	57
成都市	3.0710	2	2	乐山市	0.4844	9	60
贵阳市	1.9389	3	8	宜宾市	0.4589	10	64
安顺市	0.7379	4	33	广安市	0.3992	11	66
黔东南苗族侗族自治州	0.6469	5	41	南充市	0.3927	12	70
毕节市	0.5608	6	48	绵阳市	0.3910	13	72
铜仁市	0.5341	7	52	泸州市	0.2332	14	93
西北地区							
西安市	2.1357	1	6	宝鸡市	0.5083	3	56
伊犁哈萨克自治州	0.5117	2	54	延安市	0.3013	4	83
华北地区							
石家庄市	0.9879	1	22	唐山市	0.4860	7	59
张家口市	0.8566	2	27	太原市	0.4119	8	65
秦皇岛市	0.7677	3	31	晋中市	0.3899	9	73
长治市	0.6211	4	42	忻州市	0.3098	10	80
运城市	0.5986	5	44	邯郸市	0.2699	11	86

续表

城市	标准化值	地区排名	全国排名	城市	标准化值	地区排名	全国排名
承德市	0.5649	6	47	临汾市	0.2117	12	98
东北地区							
吉林市	2.4715	1	4	沈阳市	0.3470	4	76
大连市	0.6532	2	40	哈尔滨市	0.3036	5	81
长春市	0.5907	3	45	营口市	0.2581	6	88

由表5.3可知，我国地级市政府文化与旅游服务成效前100名分布具有以下三个特征。

第一，从最优层面看，我国不同地区地级市政府文化与旅游服务成效存在不平衡的现象。比如，从文化与旅游服务成效极佳、排名全国前30位的地级市政府区域分布数量看，我国华东地区有杭州市等16个地级市政府，约占华东地区76个地级市政府的21.1%；中南地区有武汉市等7个地级市，约占中南地区83个地级市的8.4%；西南地区有昆明市等3个地级市，约占西南地区53个地级市的5.7%；西北地区有西安市1个地级市，约占西北地区51个地级市的2.0%；华北地区有石家庄市等2个地级市，约占华北地区34个地级市的5.9%；东北地区有吉林市1个地级市，约占东北地区36个地级市的2.8%。因此，我国地级市政府文化与旅游服务成效大致呈现东高西低阶梯形分布趋势，华东地区地级市政府文化与旅游服务成效明显要优于其他地区，中南地区、西南地区与华北地区地级市政府文化与旅游服务成效次之，而西北地区与东北地区的地级市政府文化与旅游服务成效欠佳。

第二，从次优层面看，我国不同地区地级市政府文化与旅游服务成效相对均衡。比如，从文化与旅游服务成效比较适度、排名全国前100位地级市政府的区域分布数量看，华东地区有38个地级市政府，约占华东地区地级市总数的50.0%；中南地区有26个地级市，约占中南地区地级市总数的31.3%；西南地区有14个地级市，约占西南地区地级市总数的26.4%；西北地区有4个地级市，约占西北地区地级市总数的7.8%；华北地区有12个地级市，约占华北地区地级市总数的35.3%；东北地区有6个地级市，约占东北地区地级市总数的16.7%。不难看出，我国大部分地区，比如中南地区、西南地区、华北地区和东北地区地级市政府文化与旅游服务成效相对均衡。

第三，我国同一区域内部不同地级市政府文化与旅游公共服务成效也比较均衡。从整体上看，在同一地区内部，除中南地区的武汉市，西南地区的昆明市、成都市和贵阳市，西北地区的西安市与东北地区的吉林市等少数地级市政府文化与旅游服务成效排名特别领先外，同一区域内部其他地级市政府文化与旅游服务成效排名的差距不大。

因此，中央政府持续推进的“开放审批许可”“创新市场监管”等改革正在影响地级市政府文化与旅游公共服务成效，导致各地文化与旅游服务成效呈现趋同态势。也就是说，随着当地经济社会发展质量的提高及趋近，我国地级市政府文化与旅游公共服务基本实现均等化，各地文化与旅游公共服务成效在同步提高并趋向均衡。

三、2020年文化与旅游管理成本排名与分析

（一）地级市政府文化与旅游管理成本简介

文化与旅游管理成本反映了地级市政府为文化与旅游公共服务所支付的总费用，表征了文化与旅游公共服务供给成本，直接影响政府文化与旅游公共服务效率。这是测度地级市政府文化与旅游公共服务效率的又一主要因素，被赋予0.10的权重，其下设文化与旅游政府机构数量等2个指标（见表3.2）。尽管该因素所含指标数量不多，却是反映地级市政府文化与旅游公共服务成本的主要内容，对地级市政府文化与旅游公共服务效率影响较大。

（二）地级市政府文化与旅游管理成本全国前100名分析

2020年地级市政府文化与旅游管理成本全国前100名的标准化值及排名如表5.4所示。

表 5.4　2020 年地级市政府文化与旅游管理成本全国前 100 名的标准化值及排名

城市	标准化值	地区排名	全国排名	城市	标准化值	地区排名	全国排名
华东地区							
景德镇市	6. 2492	1	3	枣庄市	0. 1004	16	52
舟山市	3. 1516	2	6	东营市	0. 0401	17	56
新余市	0. 9203	3	12	莆田市	0. 0370	18	57
鹰潭市	0. 8888	4	13	嘉兴市	0. 0242	19	60
铜陵市	0. 6274	5	17	南昌市	0. 0215	20	61
厦门市	0. 5621	6	19	湖州市	0. 0075	21	63
淮北市	0. 5052	7	21	威海市	-0. 0291	22	70
萍乡市	0. 3337	8	29	宣城市	-0. 0425	23	75
镇江市	0. 3044	9	30	常州市	-0. 0901	24	82
无锡市	0. 2387	10	34	淮南市	-0. 0936	25	86
烟台市	0. 1972	11	38	蚌埠市	-0. 0947	26	87
泰州市	0. 1819	12	40	日照市	-0. 0983	27	88
池州市	0. 1415	13	45	扬州市	-0. 0986	28	89
马鞍山市	0. 1402	14	46	衢州市	-0. 0989	29	90
黄山市	0. 1076	15	50				
中南地区							
三沙市	12. 4474	1	1	焦作市	0. 1471	15	44
三亚市	4. 4503	2	4	濮阳市	0. 1337	16	47
儋州市	2. 3824	3	7	湘潭市	0. 1074	17	51
鄂州市	2. 3019	4	8	北海市	0. 0919	18	53
珠海市	1. 2648	5	9	黄石市	0. 0881	19	54
鹤壁市	1. 0548	6	11	东莞市	0. 0293	20	59
漯河市	0. 7225	7	14	许昌市	0. 0209	21	62
中山市	0. 7100	8	15	三门峡市	-0. 0057	22	66
防城港市	0. 5972	9	18	汕尾市	-0. 0169	23	68
开封市	0. 4426	10	23	恩施土家族苗族自治州	-0. 0411	24	74
海口市	0. 4355	11	24	阳江市	-0. 0612	25	79
潮州市	0. 3373	12	28	崇左市	-0. 0802	26	81
汕头市	0. 1695	13	42	云浮市	-0. 1007	27	92

续表

城市	标准化值	地区排名	全国排名	城市	标准化值	地区排名	全国排名
张家界市	0.1667	14	43	荆门市	-0.1124	28	94
西南地区							
怒江傈僳族自治州	0.3440	1	27	迪庆藏族自治州	-0.0404	8	73
攀枝花市	0.2654	2	31	六盘水市	-0.0442	9	76
自贡市	0.1147	3	49	遂宁市	-0.1004	10	91
资阳市	0.0297	4	58	雅安市	-0.1141	11	95
西双版纳傣族自治州	-0.0036	5	65	广安市	-0.1217	12	99
眉山市	-0.0222	6	69	德阳市	-0.1228	13	100
德宏傣族景颇族自治州	-0.0294	7	71				
西北地区							
嘉峪关市	6.7099	1	2	黄南藏族自治州	0.1871	9	39
铜川市	1.1543	2	10	西宁市	0.1807	10	41
克拉玛依市	0.7078	3	16	海东市	-0.0096	11	67
金昌市	0.3914	4	25	博尔塔拉蒙古自治州	-0.0350	12	72
兰州市	0.2579	5	32	固原市	-0.0757	13	80
石嘴山市	0.2424	6	33	临夏回族自治州	-0.1166	14	96
喀什地区	0.2184	7	36	平凉市	-0.1173	15	97
海北藏族自治州	0.1978	8	37				
华北地区							
乌海市	4.1331	1	5	秦皇岛市	-0.0907	5	83
阳泉市	0.3532	2	26	太原市	-0.0912	6	84
朔州市	-0.0561	3	77	锡林郭勒盟	-0.1184	7	98
保定市	-0.0566	4	78				

续表

城市	标准化值	地区排名	全国排名	城市	标准化值	地区排名	全国排名
东北地区							
盘锦市	0.5359	1	20	七台河市	0.0501	5	55
辽源市	0.4659	2	22	营口市	-0.0021	6	64
辽阳市	0.2246	3	35	抚顺市	-0.0925	7	85
本溪市	0.1172	4	48	阜新市	-0.1123	8	93

注：文化与旅游管理成本是测度政府文化与旅游公共服务效率的逆指标，本报告已将其转换成正指标，即文化与旅游管理成本测度标准化值越大，表示其文化与旅游管理成本越小、排名越靠前，反映相应的政府文化与旅游公共服务效率越高。

由表5.4可知，地级市政府文化与旅游管理成本全国前100名分布呈现三个明显特点。

第一，从最优层面看，我国地区之间排名差异较明显，呈现多极化态势。华东和中南地区地级市政府文化与旅游管理成本最佳，西南和西北地区次之，华北与东北地区不佳。从文化与旅游管理成本、全国排名前30位地级市政府的区域分布数量看，华东地区有景德镇市等9个地级市政府，约占华地区东地级市政府总数的11.8%；中南地区有三沙市等12个地级市政府，约占中南地区地级市政府总数的14.5%；西南地区仅有怒江傈僳族自治州1个地级市政府，约占西南地区地级市政府总数的1.9%；西北地区有嘉峪关市等4个地级市政府，约占西北地区地级市政府总数的7.8%；华北地区有乌海市等2个地级市政府，约占华北地区地级市政府总数的5.88%；东北地区有盘锦市等2个地级市政府，约占东北地区地级市政府总数的5.6%。

第二，从次优层面看，我国地级市政府文化与旅游管理成本差异不大，处于基本均衡态势。从全国排名前100位地级市政府的区域分布比例看，华东地区有29个地级市，约占华东地区地级市总数的38.2%；中南地区有28个地级市，约占中南地区地级市总数的33.7%；西南地区有13个地级市，约占西南地区地级市总数的24.5%；西北地区有15个地级市，约占西北地区地级市总数的29.4%；华北地区有7个地级市，约占华北地区地级市总数的

20.6%；东北地区有 8 个地级市，约占东北地区地级市总数的 22.2%。因此，在持续“放管服”、减少文化与旅游服务审批的背景下，我国大力繁荣中国特色社会主义文化、大力发展旅游产业、积极推进乡村振兴等战略已在各地初见成效，各地文化与旅游公共服务部门不断精简机构与人员、加快职能转变，不断控制文化与旅游管理成本，以此提升文化与旅游公共服务效率。

第三，文化与旅游管理成本全国排名靠前的地级市往往是知名度不高、经济社会发展质量有待明显提升的小城市。例如，排在华东地区前 5 名的景德镇市、舟山市、新余市、鹰潭市和铜陵市；排在中南地区前 5 名的三沙市、三亚市、儋州市、鄂州市、珠海市；排在西南地区前 5 名的怒江傈僳族自治州、攀枝花市、自贡市、资阳市、西双版纳傣族自治州；排在西北地区前 5 名的嘉峪关市、铜川市、克拉玛依市、金昌市、兰州市；排在华北地区前 5 名的乌海市、阳泉市、朔州市、保定市、秦皇岛市；排在东北地区前 5 名的盘锦市、辽源市、辽阳市、本溪市、七台河市等都是具有这一特征的名气小的地级市。因此，在同等情况下，城市规模越大、经济社会发展程度越高，伴随而来的是当地政府对文化与旅游服务管理的支出越多，成本越高。因而，注重调控地级市政府文化与旅游管理成本，是地级市政府提高文化与旅游公共服务效率，实现城市治理现代化的有效路径。

第三节　地方政府文化与旅游公共服务效率“百高市”测度子因素排名与分析

一、2020 年文化基础公共服务排名与分析

文化基础公共服务是地级市政府文化与旅游基础公共服务的主要子因素，被赋予 0.25 的权重，包括“三馆”数量、人均拥有公共图书馆藏书量和城市人均公园绿地面积 3 个指标。2020 年文化基础公共服务全国前 100 名的标准化值及排名，如表 5.5 所示。

表 5.5　2020 年地级市政府文化基础公共服务全国前 100 名的标准化值及排名

城市	标准化值	地区排名	全国排名	城市	标准化值	地区排名	全国排名
华东地区							
舟山市	2.8351	1	4	台州市	0.3098	22	56
景德镇市	2.4048	2	7	绍兴市	0.3048	23	57
新余市	1.4419	3	11	青岛市	0.3003	24	59
铜陵市	1.2331	4	13	济南市	0.2827	25	62
东营市	1.2027	5	14	福州市	0.2602	26	63
泰安市	1.0109	6	17	德州市	0.2516	27	64
威海市	0.9298	7	20	萍乡市	0.2460	28	65
苏州市	0.7262	8	24	临沂市	0.2385	29	66
镇江市	0.6378	9	27	滨州市	0.2251	30	69
杭州市	0.5862	10	31	日照市	0.2053	31	72
厦门市	0.5834	11	32	淮北市	0.2052	32	73
枣庄市	0.5630	12	34	南京市	0.1712	33	77
淄博市	0.4978	13	38	济宁市	0.1638	34	78
嘉兴市	0.4908	14	39	聊城市	0.1375	35	80
黄山市	0.4586	15	41	马鞍山市	0.1257	36	85
烟台市	0.4574	16	42	潍坊市	0.1233	37	86
扬州市	0.4020	17	45	三明市	0.1084	38	89
湖州市	0.3698	18	48	池州市	0.1062	39	91
无锡市	0.3598	19	49	阜阳市	0.0884	40	97
南通市	0.3568	20	50	温州市	0.0864	41	98
衢州市	0.3124	21	55	鹰潭市	0.0825	42	99
中南地区							
三沙市	4.5137	1	1	恩施土家族苗族自治州	0.3203	12	54
东莞市	3.8056	2	2	儋州市	0.3026	13	58
深圳市	3.4683	3	3	江门市	0.2174	14	70
广州市	0.9853	4	19	汕头市	0.1738	15	76
珠海市	0.7802	5	21	宜昌市	0.1332	16	81
防城港市	0.6217	6	28	贺州市	0.1304	17	83
鄂州市	0.4669	7	40	惠州市	0.1290	18	84

续表

城市	标准化值	地区排名	全国排名	城市	标准化值	地区排名	全国排名
潮州市	0.4126	8	44	鹤壁市	0.1195	19	88
佛山市	0.3992	9	46	梅州市	0.1056	20	92
三亚市	0.3807	10	47	开封市	0.0969	21	94
肇庆市	0.3212	11	53	湛江市	0.0898	22	96
西南地区							
林芝市	0.6805	1	26	遵义市	0.3312	5	51
广安市	0.6089	2	29	安顺市	0.2995	6	60
攀枝花市	0.5747	3	33	丽江市	0.2950	7	61
贵阳市	0.4206	4	43	成都市	0.1078	8	90
西北地区							
克拉玛依市	2.8011	1	5	中卫市	0.5475	8	35
喀什地区	2.6940	2	6	吴忠市	0.5397	9	36
嘉峪关市	2.2924	3	8	银川市	0.5006	10	37
金昌市	1.3988	4	12	张掖市	0.3263	11	52
石嘴山市	1.1126	5	15	吐鲁番市	0.2156	12	71
阿勒泰地区	0.7694	6	22	兰州市	0.1439	13	79
固原市	0.6859	7	25				
华北地区							
鄂尔多斯市	1.6975	1	9	太原市	0.1978	7	74
乌兰察布市	1.5864	2	10	承德市	0.1317	8	82
乌海市	1.0748	3	16	秦皇岛市	0.1212	9	87
阿拉善盟	0.5889	4	30	赤峰市	0.0951	10	95
通辽市	0.2324	5	67	呼和浩特市	0.0812	11	100
锡林郭勒盟	0.2320	6	68				
东北地区							
大连市	1.0059	1	18	沈阳市	0.1954	3	75
伊春市	0.7489	2	23	阜新市	0.1006	4	93

从表5.5可以看出，2020年地级市政府文化基础公共服务有两个特点。

第一，我国六大地区的地级市政府文化基础服务差距较大。一是文化基础公共服务全国前100名的地级市政府数量在地区之间分布不同。2020年文化基础公共服务全国前100名的地级市政府中，华东地区占有42个、中南地区占有22个、西南地区占有8个、西北地区占有13个、华北地区占有11个、东北地区仅占有4个。二是从文化基础公共服务测度的标准化值看，各地区也存在一定差距。比如，测度标准值大于1的地级市政府华东地区有6个、中南地区有3个、西南地区有0个、西北地区有5个、华北地区有3个、东北地区有1个。

第二，同一地区内部不同地级市政府文化基础公共服务也有明显差别。比如，华东地区的舟山市（全国排名第4）与该地区的鹰潭市（全国排名第99），二者排名相差95位；中南地区的三沙市（全国排名第1）与该地区的湛江市（全国排名第96），二者相差95位；西南地区的林芝市（全国排名第26）与该地区成都市（全国排名第90），二者相差64位；西北地区克拉玛依市（全国排名第5）与该地区兰州市（全国排名第79），二者相差74位；华北地区的鄂尔多斯市（全国排名第9）与呼和浩特市（全国排名第100），二者相差91位；东北地区的大连市（全国排名第18）与阜新市（全国排名第93），二者相差75位。

二、2020年旅游基础公共服务排名与分析

旅游基础公共服务是地级市政府文化与旅游基础公共服务的主要子因素，被赋予0.50的权重，包括公路密度，旅客周转量，交通事故发生数，旅行社数量，星级饭店数量，AAAA、AAAAA级景区数量，餐饮、住宿从业人员数量，限额以上住宿和餐饮业法人企业数量，城市每万人拥有公共厕所数量9个指标。2020年旅游基础公共服务全国前100名的标准化值及排名，如表5.6所示。

表5.6　2020年地级市政府旅游基础公共服务全国前100名的标准化值及排名

城市	标准化值	地区排名	全国排名	城市	标准化值	地区排名	全国排名
华东地区							
绍兴市	1.9771	1	4	潍坊市	0.1604	22	51
厦门市	1.7790	2	5	扬州市	0.1439	23	58
杭州市	0.9950	3	7	枣庄市	0.1366	24	61
泰安市	0.9801	4	8	龙岩市	0.1322	25	63

续表

城市	标准化值	地区排名	全国排名	城市	标准化值	地区排名	全国排名
菏泽市	0.9633	5	10	徐州市	0.1221	26	65
南京市	0.8658	6	12	济宁市	0.1006	27	68
景德镇市	0.8563	7	14	淄博市	0.0934	28	70
南通市	0.5095	8	22	盐城市	0.0925	29	71
无锡市	0.4852	9	23	漳州市	0.0896	30	73
衢州市	0.4655	10	25	连云港市	0.0883	31	74
苏州市	0.4565	11	28	宣城市	0.0642	32	78
烟台市	0.4445	12	30	萍乡市	0.0550	33	79
临沂市	0.4248	13	31	济南市	0.0482	34	80
六安市	0.4220	14	32	泰州市	0.0444	35	83
宁波市	0.3766	15	35	威海市	0.0439	36	84
青岛市	0.3561	16	37	嘉兴市	0.0234	37	88
南昌市	0.3361	17	38	淮安市	0.0226	38	89
合肥市	0.3297	18	39	宜春市	0.0097	39	98
福州市	0.2892	19	41	东营市	0.0088	40	99
常州市	0.2143	20	46	池州市	0.0070	41	100
莆田市	0.1716	21	49				
中南地区							
三沙市	3.0453	1	1	恩施土家族苗族自治州	0.1573	14	52
广州市	2.0399	2	3	黄冈市	0.1499	15	55
深圳市	1.3127	3	6	南阳市	0.1480	16	57
武汉市	0.8916	4	11	东莞市	0.1436	17	59
洛阳市	0.7955	5	16	鄂州市	0.1372	18	60
三亚市	0.6769	6	17	许昌市	0.1075	19	67
郑州市	0.6039	7	18	孝感市	0.0924	20	72
海口市	0.5856	8	20	佛山市	0.0847	21	76
开封市	0.5341	9	21	十堰市	0.0193	22	90
桂林市	0.4595	10	27	漯河市	0.0189	23	91
长沙市	0.4475	11	29	潮州市	0.0178	24	92
南宁市	0.3855	12	34	珠海市	0.0169	25	93
宜昌市	0.1628	13	50	新乡市	0.0147	26	94

续表

城市	标准化值	地区排名	全国排名	城市	标准化值	地区排名	全国排名
西南地区							
成都市	2.7457	1	2	拉萨市	0.0454	6	82
昆明市	0.2087	2	47	贵阳市	0.0314	7	86
遵义市	0.1953	3	48	黔东南苗族侗族自治州	0.0125	8	95
黔西南布依族苗族自治州	0.1098	4	66	广元市	0.0104	9	97
黔南布依族苗族自治州	0.0943	5	69				
西北地区							
西安市	0.9779	1	9	嘉峪关市	0.1346	6	62
临夏回族自治州	0.8591	2	13	咸阳市	0.0873	7	75
甘南藏族自治州	0.4634	3	26	西宁市	0.0711	8	77
兰州市	0.4042	4	33	克拉玛依市	0.0415	9	85
乌鲁木齐市	0.2258	5	45	宝鸡市	0.0120	10	96
华北地区							
保定市	0.8042	1	15	乌海市	0.1563	6	54
阿拉善盟	0.4765	2	24	秦皇岛市	0.1485	7	56
呼和浩特市	0.3625	3	36	包头市	0.1316	8	64
石家庄市	0.2750	4	42	邯郸市	0.0295	9	87
鄂尔多斯市	0.1567	5	53				
东北地区							
哈尔滨市	0.5859	1	19	沈阳市	0.2430	4	44
大连市	0.3147	2	40	伊春市	0.0468	5	81
长春市	0.2632	3	43				

通过表5.6可以看出，我国地级市政府旅游基础公共服务排名存在两个特点。

第一，不同地区的地级市政府旅游基础公共服务差距较大。比如，全国排在前100位的地级市政府中，华东地区有41个，约占华东地区地级市政府总数的53.9%；中南地区有26个，约占中南地区地级市政府总数的31.2%；西南地区有9个，约占西南地区地级市政府总数的17.0%；西北地区有10个，约占西北地区地级市政府总数的19.6%；华北地区有9个，约占华北地区地级市政府总数的26.5%；东北地区有5个，约占东北地区地级市政府总数的13.9%。

第二，同一地区内部的不同地级市政府旅游基础公共服务差异更加明显。例如：华东地区的绍兴市政府（全国排名第4）与该地区的池州市（全国排名第100），二者相差96位；中南地区的三沙市（全国排名第1）与该地区的新乡市（全国排名第94），二者相差93位；西南地区的成都市（全国排名第2）与同一地区的广元市（全国排名第97），二者相差95位；西北地区的西安市（全国排名第9）与同一地区的宝鸡市（全国排名第96），二者相差87位；华北地区的保定市（全国排名第15）与同一地区的邯郸市（全国排名第87），二者相差72位；东北地区的哈尔滨市（全国排名第19）与同一地区的伊春市（全国排名第81），二者相差62位。

三、2020年文化与旅游公共信息服务排名与分析

文化与旅游公共信息服务是地级市政府文化与旅游基础公共服务的主要子因素，被赋予0.25的权重，包括微博关注量、微信订阅数、信息发布数量、留言办理时间4个指标。2020年地级市政府文化与旅游公共信息服务全国前100名的标准化值及排名，如表5.7所示。

表5.7　2020年地级市政府文化与旅游公共信息服务全国前100名的标准化值及排名

城市	标准化值	地区排名	全国排名	城市	标准化值	地区排名	全国排名
华东地区							
青岛市	3.9084	1	3	淄博市	0.1321	18	43
福州市	3.3707	2	4	丽水市	0.1101	19	47
杭州市	2.5308	3	5	潍坊市	0.1053	20	48
烟台市	1.2420	4	6	鹰潭市	0.0767	21	54
扬州市	1.1247	5	8	池州市	0.0630	22	56
台州市	0.6781	6	11	三明市	0.0421	23	64

续表

城市	标准化值	地区排名	全国排名	城市	标准化值	地区排名	全国排名
济南市	0.5784	7	13	常州市	0.0330	24	69
吉安市	0.5601	8	14	厦门市	0.0328	25	70
苏州市	0.5029	9	18	亳州市	0.0207	26	76
南京市	0.4858	10	19	金华市	0.0203	27	77
温州市	0.3196	11	25	泰州市	0.0182	28	81
漳州市	0.3078	12	26	连云港市	0.0078	29	89
绍兴市	0.2443	13	29	嘉兴市	0.0075	30	90
赣州市	0.1867	14	35	铜陵市	0.0062	31	91
莆田市	0.1509	15	38	宣城市	0.0055	32	95
济宁市	0.1458	16	39	盐城市	0.0052	33	98
枣庄市	0.1346	17	42	宜春市	0.0042	34	99
中南地区							
衡阳市	4.5368	1	1	永州市	0.1196	14	46
武汉市	4.4806	2	2	常德市	0.0886	15	50
北海市	1.2352	3	7	三门峡市	0.0784	16	53
广州市	0.9770	4	9	许昌市	0.0576	17	59
洛阳市	0.7409	5	10	焦作市	0.0554	18	60
开封市	0.5379	6	17	南宁市	0.0351	19	67
商丘市	0.4156	7	21	揭阳市	0.0251	20	73
佛山市	0.3897	8	23	郴州市	0.0220	21	75
新乡市	0.2836	9	27	贺州市	0.0182	22	82
十堰市	0.2670	10	28	宜昌市	0.0055	23	94
三亚市	0.2157	11	31	汕头市	0.0054	24	96
襄阳市	0.1706	12	36	湘西土家族苗族自治州	0.0040	25	100
湛江市	0.1253	13	44				
西南地区							
日喀则市	0.6158	1	12	林芝市	0.0552	8	61
成都市	0.5561	2	15	自贡市	0.0447	9	62
广安市	0.5391	3	16	山南市	0.0382	10	66

续表

城市	标准化值	地区排名	全国排名	城市	标准化值	地区排名	全国排名
贵阳市	0.2117	4	32	怒江傈僳族自治州	0.0248	11	74
眉山市	0.2047	5	33	遂宁市	0.0202	12	78
广元市	0.1609	6	37	阿坝藏族羌族自治州	0.0056	13	93
安顺市	0.0873	7	51	资阳市	0.0054	14	97
西北地区							
延安市	0.4111	1	22	固原市	0.0331	6	68
西安市	0.3868	2	24	定西市	0.0305	7	72
克拉玛依市	0.1037	3	49	嘉峪关市	0.0147	8	84
榆林市	0.0608	4	57	白银市	0.0129	9	85
张掖市	0.0589	5	58				
华北地区							
石家庄市	0.4375	1	20	包头市	0.0642	7	55
承德市	0.2399	2	30	赤峰市	0.0409	8	65
鄂尔多斯市	0.2027	3	34	衡水市	0.0314	9	71
廊坊市	0.1440	4	40	锡林郭勒盟	0.0200	10	79
秦皇岛市	0.1421	5	41	沧州市	0.0188	11	80
保定市	0.1240	6	45	张家口市	0.0148	12	83
东北地区							
牡丹江市	0.0822	1	52	抚顺市	0.0092	4	87
延边朝鲜族自治州	0.0446	2	63	朝阳市	0.0084	5	88
大兴安岭地区	0.0119	3	86	盘锦市	0.0056	6	92

从表 5.7 可以看出，2020 年地级市政府文化与旅游公共信息服务排名具有两个特点。

第一，文化与旅游公共信息服务全国排名靠前的大多是旅游重点及热门城市。比如，华东地区的青岛市、福州市、杭州市等，中南地区的衡阳市、武汉市，西南地区的日喀则市、成都市等，它们均具有发展旅游业的良好基础及传统，注重文化与旅游融合，重视文化与旅游产业战略规划，比较注意持续完善文化与旅游信息服务，以此提升文化与旅游公共服务效率，促进文化与旅游产业高质量发展。

第二，区域之间的差异比较大。比如，各地进入全国前100位的地级市政府数量不同，其中，华东地区有青岛市等34个；中南地区有衡阳市等25个；西南地区有日喀则市等14个，西北地区有延安市等9个；华北地区有石家庄市等12个；东北地区有牡丹江市等6个。

四、2020年文化与旅游政策效果排名与分析

文化与旅游政策效果是地级市政府文化与旅游服务成效的主要子因素，被赋予0.40权重，包括旅游产业发展大会及影响、疫情防控政策及影响两个指标。2020年地级市政府文化与旅游政策效果全国前100名的标准化值及排名，如表5.8所示。

表5.8　2020年地级市政府文化与旅游政策效果全国前100名的标准化值及排名

城市	标准化值	地区排名	全国排名	城市	标准化值	地区排名	全国排名
华东地区							
温州市	1.3054	1	1	新余市	0.0449	4	4
绍兴市	1.3054	1	1	临沂市	0.0449	4	4
台州市	1.3054	1	1	德州市	0.0449	4	4
合肥市	1.3054	1	1	南京市	-0.0212	5	5
芜湖市	1.3054	1	1	无锡市	-0.0212	5	5
淮南市	1.3054	1	1	宁波市	-0.0212	5	5
马鞍山市	1.3054	1	1	六安市	-0.0212	5	5
安庆市	1.3054	1	1	宣城市	-0.0212	5	5
宜春市	1.3054	1	1	福州市	-0.0212	5	5
聊城市	1.3054	1	1	南昌市	-0.0212	5	5
镇江市	0.6752	2	2	景德镇市	-0.0212	5	5
泰州市	0.6752	2	2	萍乡市	-0.0212	5	5
徐州市	0.6752	2	2	九江市	-0.0212	5	5
杭州市	0.6752	2	2	鹰潭市	-0.0212	5	5

续表

城市	标准化值	地区排名	全国排名	城市	标准化值	地区排名	全国排名
衢州市	0.6752	2	2	赣州市	-0.0212	5	5
舟山市	0.6752	2	2	青岛市	-0.0212	5	5
淮北市	0.6752	2	2	烟台市	-0.0212	5	5
铜陵市	0.6752	2	2	潍坊市	-0.0212	5	5
黄山市	0.6752	2	2	常州市	-0.0873	6	6
滁州市	0.6752	2	2	宿州市	-0.0873	6	6
苏州市	0.6091	3	3	莆田市	-0.0873	6	6
淮安市	0.6091	3	3	三明市	-0.0873	6	6
盐城市	0.6091	3	3	扬州市	-0.6515	7	7
蚌埠市	0.6091	3	3	宿迁市	-0.6515	7	7
阜阳市	0.6091	3	3	湖州市	-0.6515	7	7
亳州市	0.6091	3	3	池州市	-0.6515	7	7
厦门市	0.6091	3	3	泉州市	-0.6515	7	7
漳州市	0.6091	3	3	济南市	-0.6515	7	7
南平市	0.6091	3	3	淄博市	-0.6515	7	7
龙岩市	0.6091	3	3	枣庄市	-0.6515	7	7
宁德市	0.6091	3	3	东营市	-0.6515	7	7
吉安市	0.6091	3	3	济宁市	-0.6515	7	7
抚州市	0.6091	3	3	泰安市	-0.6515	7	7
菏泽市	0.6091	3	3	日照市	-0.6515	7	7
南通市	0.0449	4	4	滨州市	-0.6515	7	7
连云港市	0.0449	4	4	上饶市	-0.7176	8	8
嘉兴市	0.0449	4	4	丽水市	-1.3478	9	9
金华市	0.0449	4	4	威海市	-1.3478	9	9
中南地区							
郑州市	1.3054	1	1	汕尾市	0.0449	4	4
鹤壁市	1.3054	1	1	揭阳市	0.0449	4	4
新乡市	1.3054	1	1	潮州市	0.0449	4	4
濮阳市	1.3054	1	1	北海市	0.0449	4	4
许昌市	1.3054	1	1	儋州市	0.0449	4	4
宜昌市	1.3054	1	1	平顶山市	-0.0212	5	5

续表

城市	标准化值	地区排名	全国排名	城市	标准化值	地区排名	全国排名
株洲市	1.3054	1	1	安阳市	-0.0212	5	5
邵阳市	1.3054	1	1	三门峡市	-0.0212	5	5
岳阳市	1.3054	1	1	十堰市	-0.0212	5	5
永州市	1.3054	1	1	孝感市	-0.0212	5	5
怀化市	1.3054	1	1	咸宁市	-0.0212	5	5
云浮市	1.3054	1	1	张家界市	-0.0212	5	5
肇庆市	1.3054	1	1	湛江市	-0.0212	5	5
江门市	1.3054	1	1	茂名市	-0.0212	5	5
梅州市	1.3054	1	1	阳江市	-0.0212	5	5
汕头市	1.3054	1	1	东莞市	-0.0212	5	5
柳州市	1.3054	1	1	广州市	-0.0212	5	5
漯河市	0.6752	2	2	韶关市	-0.0212	5	5
武汉市	0.6752	2	2	南宁市	-0.0212	5	5
黄石市	0.6752	2	2	贵港市	-0.0212	5	5
襄阳市	0.6752	2	2	百色市	-0.0212	5	5
郴州市	0.6752	2	2	开封市	-0.0873	6	6
洛阳市	0.6091	3	3	益阳市	-0.0873	6	6
荆门市	0.6091	3	3	南阳市	-0.6515	7	7
恩施土家族苗族自治州	0.6091	3	3	驻马店市	-0.6515	7	7
长沙市	0.6091	3	3	荆州市	-0.6515	7	7
湘潭市	0.6091	3	3	黄冈市	-0.6515	7	7
衡阳市	0.6091	3	3	常德市	-0.6515	7	7
防城港市	0.6091	3	3	娄底市	-0.6515	7	7
梧州市	0.6091	3	3	湘西土家族苗族自治州	-0.6515	7	7
玉林市	0.6091	3	3	深圳市	-0.6515	7	7
来宾市	0.6091	3	3	惠州市	-0.6515	7	7
河池市	0.6091	3	3	钦州市	-0.6515	7	7
桂林市	0.6091	3	3	崇左市	-0.6515	7	7
贺州市	0.6091	3	3	三亚市	-0.6515	7	7

续表

城市	标准化值	地区排名	全国排名	城市	标准化值	地区排名	全国排名
海口市	0.6091	3	3	随州市	-0.7176	8	8
焦作市	0.0449	4	4	中山市	-0.7176	8	8
鄂州市	0.0449	4	4	商丘市	-1.3478	9	9
佛山市	0.0449	4	4	信阳市	-1.3478	9	9
珠海市	0.0449	4	4	周口市	-1.3478	9	9
清远市	0.0449	4	4	三沙市	-1.3478	9	9
河源市	0.0449	4	4				
西南地区							
广安市	1.3054	1	1	遂宁市	-0.0873	6	6
遵义市	0.6752	2	2	眉山市	-0.0873	6	6
成都市	0.6091	3	3	达州市	-0.0873	6	6
自贡市	0.6091	3	3	资阳市	-0.0873	6	6
攀枝花市	0.6091	3	3	黔西南布依族苗族自治州	-0.0873	6	6
泸州市	0.6091	3	3	甘孜藏族自治州	-0.6515	7	7
德阳市	0.6091	3	3	凉山彝族自治州	-0.6515	7	7
绵阳市	0.6091	3	3	德宏傣族景颇族自治州	-0.6515	7	7
广元市	0.6091	3	3	怒江傈僳族自治州	-0.6515	7	7
内江市	0.6091	3	3	林芝市	-0.6515	7	7
乐山市	0.6091	3	3	山南市	-0.6515	7	7
南充市	0.6091	3	3	阿里地区	-0.6515	7	7
宜宾市	0.6091	3	3	巴中市	-0.7176	8	8
雅安市	0.6091	3	3	曲靖市	-0.7176	8	8
安顺市	0.6091	3	3	昭通市	-0.7176	8	8
铜仁市	0.6091	3	3	普洱市	-0.7176	8	8
保山市	0.6091	3	3	临沧市	-0.7176	8	8

续表

城市	标准化值	地区排名	全国排名	城市	标准化值	地区排名	全国排名
阿坝藏族羌族自治州	0.0449	4	4	楚雄彝族自治州	-0.7176	8	8
玉溪市	0.0449	4	4	红河哈尼族彝族自治州	-0.7176	8	8
大理白族自治州	0.0449	4	4	文山壮族苗族自治州	-0.7176	8	8
拉萨市	0.0449	4	4	西双版纳傣族自治州	-0.7176	8	8
贵阳市	-0.0212	5	5	日喀则市	-0.7176	8	8
六盘水市	-0.0212	5	5	昆明市	-1.3478	9	9
毕节市	-0.0212	5	5	迪庆藏族自治州	-1.3478	9	9
黔东南苗族侗族自治州	-0.0212	5	5	昌都市	-1.3478	9	9
黔南布依族苗族自治州	-0.0212	5	5	那曲市	-1.3478	9	9
丽江市	-0.0212	5	5				
西北地区							
嘉峪关市	0.6752	1	2	商洛市	-0.6515	5	7
白银市	0.6752	1	2	海北藏族自治州	-0.6515	5	7
张掖市	0.6752	1	2	黄南藏族自治州	-0.6515	5	7
平凉市	0.6752	1	2	银川市	-0.6515	5	7
巴音郭楞蒙古自治州	0.6752	1	2	固原市	-0.6515	5	7
汉中市	0.6091	2	3	陇南市	-0.7176	6	8
延安市	0.6091	2	3	西宁市	-0.7176	6	8
海东市	0.0449	3	4	海西蒙古族藏族自治州	-0.7176	6	8

续表

城市	标准化值	地区排名	全国排名	城市	标准化值	地区排名	全国排名
果洛藏族自治州	0.0449	3	4	吴忠市	-0.7176	6	8
克孜勒苏柯尔克孜自治州	0.0449	3	4	克拉玛依市	-0.7176	6	8
伊犁哈萨克自治州	0.0449	3	4	吐鲁番市	-0.7176	6	8
塔城地区	0.0449	3	4	阿克苏地区	-0.7176	6	8
阿勒泰地区	0.0449	3	4	喀什地区	-0.7176	6	8
铜川市	-0.0212	4	5	和田地区	-0.7176	6	8
宝鸡市	-0.0212	4	5	昌吉回族自治州	-0.7176	6	8
榆林市	-0.0212	4	5	博尔塔拉蒙古自治州	-0.7176	6	8
兰州市	-0.0212	4	5	咸阳市	-1.3478	7	9
金昌市	-0.0212	4	5	武威市	-1.3478	7	9
天水市	-0.0212	4	5	临夏回族自治州	-1.3478	7	9
酒泉市	-0.0212	4	5	甘南藏族自治州	-1.3478	7	9
定西市	-0.0212	4	5	海南藏族自治州	-1.3478	7	9
庆阳市	-0.0212	4	5	玉树藏族自治州	-1.3478	7	9
石嘴山市	-0.0212	4	5	中卫市	-1.3478	7	9
西安市	-0.6515	5	7	乌鲁木齐市	-1.3478	7	9
渭南市	-0.6515	5	7	哈密市	-1.3478	7	9
安康市	-0.6515	5	7				
华北地区							
秦皇岛市	1.3054	1	1	晋中市	-0.0212	5	5
张家口市	1.3054	1	1	临汾市	-0.0212	5	5

续表

城市	标准化值	地区排名	全国排名	城市	标准化值	地区排名	全国排名
长治市	1.3054	1	1	赤峰市	-0.0212	5	5
石家庄市	0.6752	2	2	通辽市	-0.0212	5	5
忻州市	0.6752	2	2	鄂尔多斯市	-0.0212	5	5
运城市	0.6752	2	2	呼伦贝尔市	-0.0212	5	5
呼和浩特市	0.6752	2	2	巴彦淖尔市	-0.0212	5	5
阿拉善盟	0.6752	2	2	兴安盟	-0.0212	5	5
唐山市	0.6091	3	3	锡林郭勒盟	-0.0212	5	5
邢台市	0.6091	3	3	廊坊市	-0.0873	6	6
承德市	0.6091	3	3	衡水市	-0.0873	6	6
沧州市	0.6091	3	3	太原市	-0.0873	6	6
阳泉市	0.6091	3	3	晋城市	-0.0873	6	6
包头市	0.0449	4	4	朔州市	-0.6515	7	7
乌海市	0.0449	4	4	大同市	-0.7176	8	8
邯郸市	-0.0212	5	5	吕梁市	-0.7176	8	8
保定市	-0.0212	5	5	乌兰察布市	-0.7176	8	8
东北地区							
营口市	1.3054	1	1	吉林市	-0.6515	6	7
四平市	0.6752	2	2	辽源市	-0.6515	6	7
延边朝鲜族自治州	0.6752	2	2	松原市	-0.6515	6	7
锦州市	0.6091	3	3	抚顺市	-0.7176	7	8
黑河市	0.6091	3	3	白城市	-0.7176	7	8
沈阳市	0.0449	4	4	哈尔滨市	-0.7176	7	8
本溪市	0.0449	4	4	伊春市	-0.7176	7	8
辽阳市	0.0449	4	4	七台河市	-0.7176	7	8
盘锦市	0.0449	4	4	鹤岗市	-0.7176	7	8
铁岭市	0.0449	4	4	大兴安岭地区	-0.7176	7	8
葫芦岛市	0.0449	4	4	丹东市	-1.3478	8	9
鸡西市	0.0449	4	4	白山市	-1.3478	8	9
大连市	-0.0212	5	5	齐齐哈尔市	-1.3478	8	9

续表

城市	标准化值	地区排名	全国排名	城市	标准化值	地区排名	全国排名
鞍山市	-0.0212	5	5	牡丹江市	-1.3478	8	9
通化市	-0.0212	5	5	佳木斯市	-1.3478	8	9
阜新市	-0.6515	6	7	大庆市	-1.3478	8	9
朝阳市	-0.6515	6	7	双鸭山市	-1.3478	8	9
长春市	-0.6515	6	7	绥化市	-1.3478	8	9

表5.8揭示了我国地级市政府文化与旅游政策效果前100名区域分布的两个特点。

第一，地级市政府文化与旅游政策效果排名并列的现象比较多。同一区域内排名并列的地级市数量很多，不同区域排名并列的地级市也很多。比如，华东地区有温州市、绍兴市等10个地级市并列全国第一，有镇江市、泰州市等10个地级市并列全国第二。同时，在全国333个地级市政府中，有来自华东、中南、西南、华北、东北5个地区的32个地级市并列全国第一。这既反映了地级市政府普遍重视文化与旅游政策，又反映了它们贯彻实施文化与旅游政策的进程与效果基本相似。

第二，地区之间地级市政府文化与旅游政策效果排名并列第一的数量占比从高到低呈现三级态势，即中南、华东地区的地级市数量最多，其文化与旅游政策效果最优，属于一级；华北、东北、西南地区的地级市数量较多，其文化与旅游政策效果次优，属于二级；西北地区地级市政府文化与旅游政策效果欠佳，属于三级。比如，文化与旅游政策效果全国排名并列第一的地级市政府中，华东地区有温州市等10个，约占华东地区76个地级市的13%；中南地区有郑州市等17个地级市，约占中南地区83个地级市的20%；西南地区有广安市1个地级市，约占西南地区53个地级市的2%；华北地区有秦皇岛市等3个地级市，约占华北地区34个地级市的9%；东北地区有营口市1个地级市，约占东北地区36个地级市的3%。

五、2020 年文化与旅游服务效益排名与分析

文化与旅游服务效益是地级市政府文化与旅游服务成效的主要子因素，被赋予 0.60 权重，包括旅游总人次和旅游总收入两个指标。2020 年地级市政府文化与旅游服务效益全国前 100 名的标准化值及排名，如表 5.9 所示。

表 5.9　2020 年地级市政府文化与旅游服务效益全国前 100 名的标准化值及排名

城市	标准化值	地区排名	全国排名	城市	标准化值	地区排名	全国排名
华东地区							
杭州市	3.5922	1	6	新余市	0.9048	21	38
徐州市	3.0404	2	8	济南市	0.8514	22	40
九江市	2.5749	3	9	吉安市	0.8136	23	43
上饶市	2.4813	4	10	泉州市	0.6459	24	46
南京市	2.2336	5	12	烟台市	0.6340	25	47
苏州市	2.1058	6	13	常州市	0.5920	26	48
宁波市	1.8876	7	15	宜春市	0.5840	27	49
南昌市	1.5012	8	18	景德镇市	0.4564	28	58
合肥市	1.4170	9	20	镇江市	0.4024	29	62
无锡市	1.3542	10	21	济宁市	0.3714	30	65
青岛市	1.3488	11	22	舟山市	0.3443	31	71
湖州市	1.3193	12	24	安庆市	0.3386	32	72
台州市	1.2783	13	25	扬州市	0.3287	33	73
赣州市	1.2631	14	26	临沂市	0.2978	34	75
温州市	1.2022	15	27	芜湖市	0.2622	35	79
嘉兴市	1.1323	16	29	池州市	0.2420	36	85
厦门市	1.0766	17	32	衢州市	0.2138	37	88
金华市	1.0698	18	33	黄山市	0.2061	38	89
绍兴市	1.0102	19	34	淄博市	0.1758	39	91
福州市	0.9152	20	37				
中南地区							
武汉市	4.4322	1	4	十堰市	0.2897	12	77
广州市	2.4667	2	11	玉林市	0.2569	13	80
长沙市	1.9854	3	14	江门市	0.2523	14	81

续表

城市	标准化值	地区排名	全国排名	城市	标准化值	地区排名	全国排名
南宁市	1.6445	4	16	衡阳市	0.2476	15	83
桂林市	1.5915	5	17	深圳市	0.2396	16	86
郑州市	1.3455	6	23	佛山市	0.2311	17	87
宜昌市	0.5554	7	51	湘潭市	0.1623	18	94
张家界市	0.4214	8	59	岳阳市	0.1556	19	95
郴州市	0.3456	9	70	南阳市	0.1089	20	98
贵港市	0.3158	10	74	株洲市	0.0998	21	99
开封市	0.2949	11	76	恩施土家族苗族自治州	0.0988	22	100
西南地区							
昆明市	6.0789	1	1	乐山市	0.4013	8	63
成都市	4.7122	2	2	遵义市	0.3727	9	64
贵阳市	3.2457	3	7	宜宾市	0.3588	10	68
黔东南苗族侗族自治州	1.0923	4	31	南充市	0.2484	11	82
毕节市	0.9488	5	36	绵阳市	0.2455	12	84
安顺市	0.8238	6	41	大理白族自治州	0.1694	13	92
铜仁市	0.4840	7	56	丽江市	0.1301	14	96
西北地区							
西安市	3.9939	1	5	乌鲁木齐市	0.5110	4	55
宝鸡市	0.8612	2	39	兰州市	0.3516	5	69
伊犁哈萨克自治州	0.8230	3	42	渭南市	0.2692	6	78
华北地区							
石家庄市	1.1963	1	28	秦皇岛市	0.4093	8	60
太原市	0.7446	2	44	唐山市	0.4040	9	61
晋中市	0.6639	3	45	大同市	0.3681	10	66
张家口市	0.5573	4	50	临汾市	0.3669	11	67
运城市	0.5476	5	53	晋城市	0.2045	12	90
承德市	0.5354	6	54	长治市	0.1649	13	93

续表

城市	标准化值	地区排名	全国排名	城市	标准化值	地区排名	全国排名
邯郸市	0.4640	7	57	吕梁市	0.1236	14	97
东北地区							
吉林市	4.5535	1	3	哈尔滨市	0.9843	4	35
长春市	1.4188	2	19	沈阳市	0.5484	5	52
大连市	1.1028	3	30				

分析表5.9后发现，我国地级市政府文化与旅游服务效益前100名分布呈现三个特点。

第一，按各地区进入全国前100名地级市政府数量及比例，从高到低看，地级市政府文化与旅游服务效益呈现“华东—华北—中南—西南—东北—西北”的分布态势。排名全国前100名的地级市中，华东地区有39个地级市，约占华东地区76个地级市总数的51%；中南地区有22个地级市，约占中南地区83个地级市总数的27%；西南地区有14个地级市，约占西南地区53个地级市总数的26%；西北地区有6个地级市，约占西北地区51个地级市总数的12%；华北地区有14个地级市，约占华北地区34个地级市总数的41%；东北地区有5个地级市，约占东北地区36个地级市总数的14%。从进入全国前100名的地级市政府数量看，华东地区最多，表明其文化与旅游服务效益最优，而西北及东北地区较少，其文化与旅游服务效益欠佳。

第二，同一地区内部的不同地级市政府文化与旅游服务效益差异明显。例如，华东地区的杭州市（全国排名第6）与该地区的淄博市（全国排名第91）相差85名；中南地区的武汉市（全国排名第4）与该地区的恩施土家族苗族自治州（全国排名第100）相差96名；西南地区的昆明市（全国排名第1）与该地区的丽江市（全国排名第96）相差95名；西北地区的西安市（全国排名第5）与该地区的渭南市（全国排名第78）相差73名；华北地区的石家庄市（全国排名第28）和吕梁市（全国排名第97）二者相差69名；东北地区的吉林市（全国排名第3）和沈阳市（全国排名第52）二者相差49名。

第三，从文化与旅游服务效益特别优异、排在全国前30名的地级市数量分布看，两级态势比较突出。比如，华东地区进入全国前30名的地级市数量占绝对优势，包括杭州市、徐州市等16个；而其他5个地区进入全国前30名的数量较少，比如，中南地区有武汉市等6个、西南地区有昆明市等3个、西北地区有西安市1个、华北地区有石家庄市1个、东北地区有吉林市等3个。深入分析发现，这些文化与旅游服务效益特别优异的30个地级市多数来自经济社会发展质量较高、文化与旅游公共服务优秀的区域中心城市、省会城市、重点城市。

第六章 文化与旅游公共服务效率提升经验与对策

第一节 改进省级政府文化与旅游公共服务效率的经验与对策

一、浙江省提升文化与旅游公共服务效率的经验与对策

研究表明，2020 年浙江省文化与旅游公共服务效率表现优秀，进入中国地方政府文化与旅游公共服务效率“十高省”，并位居省级政府文化与旅游公共服务效率排行榜首位。同时，该省文化与旅游公共服务效率测度因素：文化与旅游基础公共服务、文化与旅游服务成效、文化与旅游管理成本也相当出色，如表 6.1 所示。剖析浙江省文化与旅游公共服务效率案例，将为我国其他省级政府提升文化与旅游公共服务效率提供参考经验及对策。

表 6.1 2020 年浙江省政府文化与旅游公共服务效率及测度因素排名

指标	政府文化与旅游公共服务效率标准化值及排名		测度因素排名		
			文化与旅游基础公共服务	文化与旅游服务成效	文化与旅游管理成本
权重	1		0.60	0.30	0.10
	标准化值	排名	排名	排名	排名
全国排名	0.8452	1	2	1	21
华东地区排名	0.8452	1	1	1	2

资料来源：《中国地方政府文化与旅游公共服务效率研究报告（2020）》

2020 年浙江省政府文化与旅游公共服务效率的卓越表现得益于该省政府的积极作为，特别是在加快实现文化与旅游公共服务迭代升级、高质量促进“双万亿”产业发展、着力提高文化与旅游管理水平等方面推行的有效措施。该省紧扣提供优秀文化产品和服务、优质旅游产品和服务等中心环节，守住政治安全底线和生产安全底线，着力推进文化和旅游发展再上新台阶。这集中表现在以下四方面。

第一，重视文化和旅游公共服务提质增效，大力提升文化与旅游公共服务质量及效率。浙江省着力建设全国文化高地、中国最佳旅游目的地、全国文化和旅游融合发展样板地。首先，近年来，浙江省将公共文化服务体系建设作为加快“文化浙江”建设的重要内容，实现全省基本公共文化服务标准化，以创建全国公共文化服务示范区为目标和抓手，推动公共文化服务各项工作走在全国前列。全省、市、县、乡、村五级文化设施建设实现全覆盖，更好地满足人民群众多样化的优质文化服务需求。到 2019 年年底，该省已建成公共图书馆 101 家、文化馆 101 家、文化站 1364 家、农村文化礼堂 14341 家、城市书房 456 个、农家书屋 20371 个，并且全部实现对社会公众免费开放；[1] 该省还制定出台《浙江省群众文化活动组织与实施管理办法》，持续开展文化惠民活动，全年送演出 1 万场、文化走亲 500 场、讲座展览 600 场。[2] 其次，浙江省积极推动旅游公共服务转型，完善旅游公共服务体系，增强群众获得感和满足感。全面加强高等级饭店和旅行社培育；加快旅游景区公共服务体系建设，提高旅游舒适度、便利度；深化“厕所革命”，全面提升旅游厕所品质；加快通景公路的改造提升，规范和完善旅游交通标识，重视导游、讲解员队伍建设；推动智慧文旅咨询服务进社区、进高速服务区、进文博场馆，完善“浙里好玩”线上公共文化与旅游咨询服务，面向公众提供更精准、更匹配、更个性化的服务。

---

[1] 浙江省文化和旅游厅. 浙江省文化和旅游厅关于省政协十二届三次会议 571 号提案的答复［EB/OL］. http：//ct. zj. gov. cn/art/2020/7/16/art_1229116413_51061692. html.

[2] 浙江省文化和旅游厅. 浙江省文化和旅游厅 2020 年工作要点［EB/OL］. http：//ct. zj. gov. cn/art/2020/2/3/art_1653937_41869781. html.

第二，坚持外搭平台内促动力，有效助推文旅产业高质量发展。2019年浙江省实现文化产业增加值4600亿元，增长率高达10%，旅游产业增加值增长8%；全省4家企业入选第十一届“全国文化企业30强”。[1] 这得益于以下提升文化与旅游公共服务效率的实践。一是浙江省高度重视省级文化产业服务平台建设。加快培育发展文旅特色小镇，建设一批生态旅游区、文化产业园区等文旅产业基地和特色产业集群，推动数字文化和智慧旅游产业创新发展。为了全面落实《推动数字文化产业发展三年行动计划（2018—2020年）》，浙江省政府积极持续推进之江文化产业带、大运河（浙江段）文化带数字文化产业发展，着力培育2个国家数字文旅产业发展试验区。[2] 二是全力打造浙江文化与旅游服务品牌，有效提振文化和旅游资源供给质量，不断提升文旅产品供给效率。浙江省利用地理位置优势与丰富的文化与旅游资源，推进“艺术+旅游”与“非遗+旅游”产品开发，入选全国优秀红色旅游文创产品12个，发布首批100项非遗旅游商品，命名第五批省级非遗旅游景区50个。在推进精品旅游线路开发方面也取得明显成效，浙东唐诗之路、钱塘江诗路、瓯江山水诗路、大运河（浙江段）文化带建设在完成规划的基础上全面启动。三是浙江省大力强化服务平台搭建，推动文旅消费转型升级扩面。依托“浙里好玩”平台，探索搭建文创产品线上线下融合销售服务平台。该省积极推广杭州市、宁波市创建国家级文化和旅游消费示范城市，举办浙江省文旅消费季、“浙江文旅嘉年华”等活动；开展赴京津冀地区的“诗画浙江”主题营销，举办的2019年“中国旅游日”浙江省主会场活动暨第十七届徐霞客开游节等活动350场。这些政策举措及平台建设不但改进了浙江省文化与旅游公共服务、极大地提高了当地文化与旅游收入，而且提升了文化与旅游公共服务效率。

第三，实施“文化+”“旅游+”战略，提升文旅融合发展水

---

[1] 浙江省文化和旅游厅．浙江省文化和旅游厅2019年工作总结［EB/OL］．（2020－02－03）［2020－09－10］．http：//ct. zj. gov. cn/art/2020/2/3/art_1653937_41869798. html.

[2] 浙江省文化和旅游厅．浙江省文化和旅游厅2019年工作要点［EB/OL］．（2019－11－28）［2020－09－10］．http：//ct. zj. gov. cn/art/2019/11/28/art_1643509_40600903. html.

平。统筹推进文旅真融合深融合落地，培育发展融合业态。一是开展文化和旅游公共服务机构功能融合试点，利用博物馆、图书馆、美术馆等文化场馆，打造“一站式文化艺术旅游线路”。在公共服务方面，一同规划、一同构建、一同推进文旅公共服务。大力发展红色旅游和乡村旅游、主题性特色类旅游演艺，以文化引领旅游品质提升；促进非遗与旅游融合发展，建立起非遗保护与旅游开发相结合的体系，极大地丰富了旅游产品文化内涵，提升了旅游产品核心竞争力，实现了社会效益和经济效益双丰收。二是深化文化与旅游管理体制机制改革，激发文化和旅游融合发展新活力。推进文化和旅游综合改革不断深化，紧紧抓住融合的“牛鼻子”，形成文化和旅游高质量发展新的增长点。2019 年浙江省提出争取成为首批全国文化和旅游融合创新发展先行区，以打造浙江省文化旅游 IP 工程为抓手，建立部省共建、省市（县、区）共建机制，启动打造100 个文化和旅游“金名片”工程，其中 10 个成为国家级“金名片”。为了准确把握文旅融合发展的主方向，浙江省计划在“十四五”期间，文化和旅游将进一步深度融合发展，提出找到融合路是文化与旅游公共服务体系建设的重要任务，将文旅资源优势转化为发展优势，统筹推进文旅深度融合。

第四，高度重视后疫情时代的文化与旅游服务业发展。一是加强组织领导与强化防控措施。浙江省文化与旅游厅在建立相关工作小组基础上，调整增补人员力量，明确工作职责及责任分工，加强对疫情防控工作的统筹协调与调研督导，全面阻断疫情扩散渠道、统筹抓好疫情防控和复工复产、妥善应对矛盾和纠纷、积极开展线上文旅服务等，取得明显成效，为打赢这场“战疫”贡献文化和旅游力量。该省文化和旅游业要重点围绕浙江省“存量防扩散，增量防输入”的战略部署和要求，继续打好防疫阻击战。[1] 针对“存量防扩散”，重点堵上薄弱环节，进一步做好文化场所、景区、饭店等领域的检查和防

[1] 浙江省文化和旅游厅．省文化和旅游厅厅长褚子育再次赴杭州调研指导疫情防控工作［EB/OL］．（2020－02－04）［2020－09－10］．http：//ct. zj. gov. cn/art/2020/2/4/art_1688014_41875227. html.

控，密切关注游客动态，加强全程管控。中止所有赴武汉地区的旅游活动；在“增量防输入”工作方面，做好返岗返工返学人员的管理，防止疫情输入。二是重点促进后疫情时代文化与旅游业稳定复苏。该省修订完善博物馆、美术馆、非遗馆等常态化防控有序开放工作指南9个、相关措施190条，在此基础上，浙江省还采取一系列硬核措施，稳企业、抓投资、促消费、优服务，梳理了1159个文旅重点项目，投放总价“10亿元文旅消费券”和“1亿元大红包”，加快发展“虚拟文旅”市场。[1] 把优秀文化基因植入产品业态，项目聚焦“文旅融合”、“四条诗路”、十大海岛公园、“百千万”工程、文旅百张“金名片”等重点领域。项目开工建设能够推动全省文化和旅游业最大限度降低疫情影响，最大限度夺回疫情造成的损失，最快速度谋划未来发展。

二、北京市提升文化与旅游公共服务效率的经验与对策

研究表明，北京市政府文化与旅游公共服务效率表现优异，位列全国省级政府文化与旅游公共服务效率第2名。该市文化与旅游公共服务效率表现如此优秀，其直接原因在于该市政府文化与旅游公共服务效率测度因素表现得特别出彩。例如，2020年北京市文化与旅游基础公共服务排名全国第1，文化与旅游服务成效排名全国第5。然而，进一步提升该市文化与旅游公共服务效率面临短板，比如，北京市文化与旅游管理成本较高、排名滞后，仅位列全国省级政府第29名、华北地区省级政府第4名（见表6.2）。因此，解剖北京市文化与旅游公共服务效率案例，有利于为我国文化与旅游公共服务效率的进一步提升提供参考。

---

[1] 浙江省文化和旅游厅.2020年长三角文化和旅游联盟联席会议在江苏省溧阳市召开［EB/OL］.（2020－05－27）［2020－09－10］. http：//ct.zj.gov.cn/art/2020/5/27/art_1688014_43615774.html.

表 6.2　2020 年北京市政府文化与旅游公共服务效率及测度因素排名

指标	政府文化与旅游公共服务效率标准化值及排名		测度因素排名		
			文化与旅游基础公共服务	文化与旅游服务成效	文化与旅游管理成本
权重	1		0.60	0.30	0.10
	标准化值	排名	排名	排名	排名
全国排名	0.8452	2	1	5	29
华北地区排名	0.8452	1	1	1	4

资料来源：《中国地方政府文化与旅游公共服务效率研究报告（2020）》

北京市政府取得的文化与旅游公共服务效率优异成绩，离不开该市善于把握"一带一路"倡议、旅游主题年和友城交往契机，大力推进文化与旅游服务业发展。比如，该市在新华每日电讯等重要海内外媒体、海内外新媒体平台和法兰克福等国际枢纽机场，以"魅力北京"为主题，以"长城好汉"为品牌，增强北京城市形象和文化旅游资源境外精准宣传推广，努力促进我国首都文化事业、文化产业和旅游业的融合发展、创新发展、高质量发展。这突出表现在以下四个方面。

第一，坚持首善标准，全力提升文化与旅游公共服务质量。做好旅游公共服务设施改造提升，进行旅游景区厕所等级评定工作，发展智慧旅游，全面提高北京文化和旅游的智慧服务、智慧管理和智慧营销水平。不断改善首都公共文化服务示范区基层公共文化设施硬件条件，全市改扩建街乡综合文化中心 33 个，使其覆盖率由 2016 年的 88%提升至 2019 年的 100%。[1] 以首都市民系列文化活动带动四级文化活动联动进行，打造市级、区级、街乡级、社区村级文化特色品牌活动，完善公共文化与旅游活动配送体系。认真落实"北京市惠民低价票补贴政策"，积极开展北京特殊群体旅游公益服务，组织好老年旅游工作，研究制定老年旅游奖励资金管理办法和接待基地资金奖励

---

[1] 北京市文化和旅游局. 2019 年北京市文化和旅游局工作总结［EB/OL］.（2020-02-17）［2020-09-10］. http://whlyj.beijing.gov.cn/zfxxgkpt/zdgk/ghjh/202002/t20200217_1647523.html.

办法，开展好残疾人文化与旅游工作。[1] 坚持“宜融则融、能融尽融”“以文塑旅、以旅彰文”，强化责任担当，持续优化文化与旅游营商环境。

第二，深化区域交流合作，有效激发文化与旅游发展活力。积极搭建文旅产业交流合作平台，支持北京市内外文旅企业、机构进行合作。进一步巩固发挥“9 +10”区域文旅合作机制作用，深度推进“9 +10”区域合作交流，高质量轮值举办好第 12 届“9 +10”区域合作会议。促进京津冀文化和旅游协同发展，加深公共服务、文化产业、演艺等领域合作交流，开展“戏韵动京城——京津冀戏曲院团新春演出季”等活动。深化对口支援工作，继续推进对口地区文化旅游公共服务设施建设。充分发挥北京客源和铁路优势，在开行“京和号”“乌兰察布号”等旅游专列的基础上向有条件的地区增开旅游专列；举办“北京对口支援（帮扶、协作）地区文化和旅游管理及从业人员培训班”。[2]

第三，逐步拓展“非遗 + 金融”功能，推动文化与旅游业高质量发展。以文旅融合为契机丰富产品供给。围绕“一城三带”的主题，征集非遗主题旅游线路；开展北京市“非遗 + 旅游”项目策划与管理专题培训，推进非遗与旅游深度融合。培育、认定一批老字号成为北京市级非遗生产性保护示范基地，促进老字号和旅游企业在景点建设、线路开发、宣传推广方面的合作，鼓励老字号非遗参与“北京礼物”旅游商品大赛。逐步拓展“非遗 + 金融”功能，深化央地共建，打造“北京最美丽的银联卡”，创新非遗文化惠民和文化消费新模式。依托世界遗产旅游推广联盟，设计一批跨区域合作、分重点主题的世界遗产推广线路产品，进一步深入推动全域旅游、红色旅游、工业旅

---

[1] 北京市文化和旅游局，2019 年北京市文化和旅游局工作要点［EB/OL］.（2020 - 06 - 05）［2020 - 09 - 10］. http：//whlyj. beijing. gov. cn/zfxxgkpt/zdgk/ghjh/201912/t20191225_1466529. html.

[2] 北京市文化和旅游局. 2020 年北京市文化和旅游局工作要点［EB/OL］.（2020 - 02 - 17）［2020 - 09 - 10］. http：//whlyj. beijing. gov. cn/zfxxgkpt/zdgk/ghjh/202002/t20200217_1647524. html.

游和冰雪旅游等工作，打造“秀北京”旅游演出品牌。

第四，筑牢新冠防疫屏障，确保文旅产业有序复工。北京文化和旅游部各部门切实承担疫情防控和有序开放的主体责任，制订防控方案和应急预案，严格消费者管理，确保各项防控措施落实到位，并及时进行动态调整。比如，北京市顺义区文化和旅游局实行“网格化”检查，对所有正在经营和准备开工的企业每日进行实地检查，重点在查人员、查措施、查记录、查制度的同时，指导做好因中止出境游引发游客投诉的处理工作；为了确保文旅产业有序复工，全市各区文化和旅游局成立防控工作专班，市、区联动，扎实推进防控工作。北京文旅系统全力做好疫情防控和企业帮扶，在复工复产方面提出多项促进政策，推出不同类型的旅游线路，满足游客的各种需求。另外，北京还启动了“漫步北京”行动计划，推出 10 条城市休闲文化主题游精品线路，开展“北京百个网红打卡地”评选活动和“夜京城”等系列活动，推出北京文旅新地标。[1]

第二节　优化地级市政府文化与旅游公共服务效率的经验与对策

一、成都市提升文化与旅游公共服务效率的经验与对策

测度结果表明，2020 年成都市文化与旅游公共服务效率表现十分抢眼，成为中国地方政府文化与旅游公共服务效率“百高市”。如表 6.3 所示，成都市文化与旅游公共服务效率同行排名不但是西南地区第 1，也是全国第 1，成为我国地级市政府文化与旅游公共服务效率优秀典型。分析成都市政府文化与旅游公共服务效率提升实践经验，对我国地级市政府提高文化与旅游公共服务效率具有借鉴价值。

[1] 北京市文化和旅游局．多维度推出鼓励政策 各地全力促进文旅产业复工复产［EB/OL］．（2020－03－20）［2020－09－10］．https：//mct. gov. cn/whzx/qgwhxxlb/bj/202003/t20200320_852007．html.

表 6.3　2020 年成都市文化与旅游公共服务效率及测度因素排名

指标	文化与旅游公共服务效率标准化值及排名		测度因素排名		
			文化与旅游基础公共服务	文化与旅游服务成效	文化与旅游管理成本
权重	1		0.60	0.30	0.10
	标准化值	排名	排名	排名	排名
全国排名	1.8736	1	2	2	298
西南地区排名	1.8736	1	1	2	42

资料来源：《中国地方政府文化与旅游公共服务效率研究报告（2020）》

成都市在文化与旅游公共服务效率方面的卓越表现，得益于该市政府在加强文化与旅游公共服务能力建设、推进文化与旅游融合、规范文旅服务市场等方面的积极作为。

第一，特别注重文化与旅游公共服务能力建设。2020 年成都市文化与旅游公共服务效率获得全国地级市第 1 名的优秀成绩与该市致力于持续加强公共服务能力建设紧密相关。比如，在文化公共服务能力建设方面，成都市政府积极推进公共文化产品供给侧改革。近年来，成都市通过实施高品质公共文化服务设施建设三年攻坚计划，突出以人民为中心，以需求为导向，以文旅融合为契机，精准对接，优化供给，努力提升文化公共服务质量和效益，发展文化民生。该市全面实现图书馆、文化馆、乡镇（街道）、村（社区）综合性文化服务中心免费开放；持续开展“文化四季风”等文化活动。又如，在旅游公共服务能力方面，成都市政府高度重视旅游基础设施建设。旅游出行最重要的因素是交通服务，便利的交通服务能吸引不少游客前往。截至 2020 年 3 月，成都市开通国际（地区）航线 126 条，其中定期直飞航线 73 条，新开通 15 条，航线规模位列全国第 4，中西部地区第 1，航线通达世界五大洲。双流国际机场旅客年吞吐量达 5585.9 万人次，比上年增长 5.5%。亚蓉欧国际班列境外站点数拓展至 26 个，全面开行 3186 列，增长 21.5%，其中中欧班列开行 1551 列；综合重载率

92.9%，比上年提升14.8个百分点。[1] 除机场外，经过成都的有宝成、成渝、成昆、遂成、达成等铁路线，有厦蓉高速、京昆高速、蓉昌高速、成绵高速等高速铁路。此外，2019年成都市政府新改建旅游厕所52座。由此可见，成都市政府对游客出行及游玩的体验做了充足的保障工作，为该市快速发展文化与旅游业提供了坚实基础。

第二，致力于融合文化与旅游产业，精准定位城市旅游形象。成都市旅游资源丰富，同时文化底蕴深厚，将两者完美融合，将成都市塑造成独一无二的文化旅游名城。成都市政府重点开展了以下工作。一是推进文化与旅游公共服务领域的招引促建。2019年，成都市加快建设四川大学博物馆群、成都自然博物馆、金融城文化艺术中心。引进迪拜空港未来城等24个重大文旅项目，总投资1934.38亿元；有106个文旅项目落户成都市文旅产业功能区。二是塑造文旅品牌。成都市获得亚洲旅游“红珊瑚奖”——“最受欢迎文旅目的地”，成为唯一入选美国CNN发布的“一生必去50个地方”的中国城市，位列美团发布的“全国热门旅游目的地城市TOP 10”第二（仅次于北京市）。三是强化文化与旅游服务宣传，提升成都市知名度。该市借助互联网平台，在25个国家开展文化交流和旅游推广30余次，通过“孤独星球”等媒体宣传成都文旅形象。[2] 成都市政府还举办2019首届天府绿道文化旅游节等活动，吸引大量中外游客。成都市一直致力于打造“休闲之都”的形象，推进文化娱乐、餐饮住宿休闲文化旅游产业的发展，整合休闲文化旅游产业的旅游资源，形成完整的产业链，并已初具规模。

第三，发展乡村旅游，全面落实乡村振兴战略。对成都而言，乡村旅游是乡村振兴的重要引擎。成都市政府始终把发展乡村文化旅游作为发展天府文化、推进“三城三都”建设、打造世界文化名城的重

[1] 成都市统计局. 2019年成都市国民经济与社会发展统计公报［EB/OL］.（2020-03-28）［2020-09-10］. http：//www.cdqy119.org.cn/news-look.aspx? id=473.

[2] 成都市文化广电旅游局. 成都市文化广电旅游局关于2019年工作总结和2020年工作思路的报告［EB/OL］.（2020-07-12）［2020-09-10］. http：//cdwglj.chengdu.gov.cn/cdwglj/c133193/2020-07/13/content_8bcc6cdf25d94f6b95c6ff85459fec8f.shtml.

要工作。在首批全国乡村文化名城的重点村名录中，成都4个村落入选，数量位居全国副省级城市第一位。依托成都丰富的文化，各地发展各具特色的旅游方式。比如，浦江县甘溪镇的明月村以陶文化为主题，陆续建成开放明月窑、蜀山窑陶瓷艺术博物馆等15个乡村旅游和文创项目；都江堰市因为田园文化成为颇有名气的“田园民宿”；崇州市道明竹艺村因国家非物质文化遗产——道明竹编得名，将非遗文化发挥到极致，形成了“竹生态、竹生活、竹空间”的文旅产业生态圈。2018年，成都全市乡村旅游接待游客1.18亿人次，同比增长10.2%；实现乡村旅游收入393.85亿元，同比增长21.49%；乡村旅游就业人数为213.78万人，已占全市社会总就业人数22.51%。

第四，坚守疫情防控一线，筑牢文旅行业防线。在疫情一级响应期间，成都市文化与旅游局起草疫情期间相关通知办法和指导意见，跟踪旅行社出团情况，关闭景区、网吧等娱乐场所，以强烈的政治使命和责任担当主动做好疫情防控工作，为人民群众和市民游客的生命安全、身体健康筑起坚强的文旅行业防线。后疫情时代，为文化与旅游企业复工复产提供帮助，成都市启动退还旅行社保证金的举措。截至2020年3月，成都市文广旅局市场管理处已经帮助该市391家旅行社退还保证金，共计1.9532亿元。为切实减轻新冠肺炎疫情对文化旅游企业生产经营的影响，全力支持文化旅游业健康发展，成都市出台的《关于应对新冠肺炎疫情影响 促进文化旅游业健康发展的若干措施》，是文化旅游企业支持政策的“一本通”，重点加大文旅企业融资支持力度，切实帮助企业减轻负担。[1]

二、杭州市提升文化与旅游公共服务效率的经验与对策

研究表明，杭州市政府文化与旅游公共服务效率表现优秀，位居中国地级市政府文化与旅游公共服务效率“百高市”第三位、华东地

---

[1] 成都市文广旅局科宣处．我市出台《关于应对新冠肺炎疫情影响 促进文化旅游业健康发展的若干措施》20条措施 切实帮助文旅企业减轻负担［EB/OL］．（2020-03-04）［2020-09-10］．http：//cdwglj. chengdu. gov. cn/cdwglj/c133195/2020-03/19/content_f597003b05654eab8d1fcfa862b8d995. shtml.

区榜首。同时，该市政府文化与旅游公共服务效率测度因素文化与旅游基础公共服务、文化与旅游服务成效也表现出色，如表 6.4 所示。

表 6.4　2020 年杭州市政府文化与旅游公共服务效率及测度因素排名

指标	文化与旅游公共服务效率标准化值及排名		测度因素排名		
			文化与旅游基础公共服务	文化与旅游服务成效	文化与旅游管理成本
权重	1		0.60	0.30	0.10
	标准化值	排名	排名	排名	排名
全国排名	1.2767	3	6	5	208
华东地区排名	1.2767	1	1	1	55

资料来源：《中国地方政府文化与旅游公共服务效率研究报告（2020）》

杭州市政府文化与旅游公共服务效率表现优异，位居全国地级市政府文化与旅游公共服务效率百强榜第三位。其主要原因在于该市按照“干好一一六、当好排头兵”的要求，一手抓改革，一手促发展，紧扣提供优秀文化产品、优质旅游产品和服务等中心环节，聚焦高质量发展、聚力高品质生活，全力实施“十大提升工程”，高质量推进文化旅游融合发展。主要表现在以下三个方面。

第一，加快文化与旅游公共服务建设，大力提升文化与旅游公共服务效率。为此，杭州市政府 2019 年加快“城市书房”、“地铁书房”、图书馆主题分馆集群、数字文化馆、学校少儿阅读服务网点建设；部署开展旅游景区、图书馆等标识标牌外文翻译的规范和整改；深入推进基本公共文化服务建设，不断完善“1 + X”公共文化服务标准模式，13 个区县市全部通过省政府“五个百分之百”认定；深化农村广播电视“村村通”“村村响”工程建设和广电低保工程，提质增效服务好基层群众。同时，杭州市政府积极推动文化惠民工作，组织开展杭州国际摄影艺术邀请展、美术书法展等系列群文活动，举办“西湖之春”艺术节、杭州艺博会、“三江”歌手大赛等特色文艺活动，配合中国大运河国际钢琴艺术节、“之江青年艺术节”等组织策划文艺演出；依托杭州群众文化网配送平台，通过“订单式”预约服务，市本级配送文艺演出到村（社区）345 场。在此基础上，杭州市指导各地积极开展文化惠民工作，截至 2019 年年底，全市送戏下乡 3500 余场，送图书下乡 345842 册，送展览 1878 余场，送讲座培训 3560 余场次，开展城市间文化走亲 680 次，村（社区）间文化走亲 2000 余场。[1]

第二，实施智慧文旅建设，推进文化旅游融合发展。杭州市重视加强智慧文旅建设。2019 年全市推出“10 秒找空房”“20 秒景点入园”“30 秒酒店入住”“数字旅游专线”四大便民服务。截至 2019 年年底，全市已有 86 个景区完成“20 秒入园”改造，239 家酒店完成“30 秒入住”改造，开通数字旅游专线 35 条，累计接待游客超过 354.3 万人次。组织开展全市“智慧旅游”示范企业（单位）创建共计 10 家，做好多语种旅游网站，官方微信、微博等自媒体的维护与推广。同时，积极推进文化与旅游融合发展。2019 年，杭州市研究起草制订文化旅游融合高质量发展政策以及三年行动计划，积极探索文化与旅游消费新模式，2019 年该市旅游休闲产业增加值 1191 亿元，增长 12.1%；旅游总收入 4005 亿元，增长 18.3%；旅游总人数 20813.7 万人次，增长 15.1%，其中接待入境过夜游客 113.3 万人次，增长 5.7%；年末各类旅行社 895 家，增长 5.5%；星级宾馆 126 家，其中五星级 23 家；A 级景区 103 个，其中 AAAAA 级景区 3 个。

第三，主动参与区域合作，加强文化与旅游服务对外交流工作。这主要表现在：一是区域文化与旅游服务合作交流亮点纷呈。主动参与和融入长三角一体化战略，积极推进杭州都市圈旅游合作，联合上海、南京推出长三角 PASS 文化旅游年卡，与嘉兴、湖州、绍兴签订文旅一体化合作协议，开展都市圈新春旅游惠民大联展、新春优惠月、境内外联合促销等活动；联合全市所辖区、县（市）赴京津冀、重庆、贵阳等地举办文化旅游推广活动，组织开展中国旅游日系列活动，举办 2019 年杭州茶文化博览会暨西湖龙井开茶节、大学生旅游

[1] 杭州市文化广电旅游局 .2019 年杭州市文广旅游工作总结和 2020 年工作思路［EB/OL］.（2020－06－29）［2020－09－10］. http：//wgly. hangzhou. gov. cn/art/2020/6/29/art_1692886_49321615. html.

节，推出迎国庆及秋季“四新”文旅新产品。二是文化与旅游对外交流推广成效明显。在美国洛杉矶组织开展“杭式生活主题屋”推广，在洛杉矶好莱坞环球影城策划线上、线下互动的“盛放杭州”文化与旅游盛典；赴日本、韩国、美国、越南、意大利、南非等地开展杭州文化旅游推广活动；在日本、中国台湾设立企业化运作的旅游展示中心，大力提振杭州入境旅游服务竞争力；在中国澳门举办2019年杭港澳智慧旅游高峰论坛，推动杭州与意大利维罗纳文化旅游交流合作，举办杭州全球旗袍日主题活动、2019年杭州大学生旅游节、南宋文化节。杭州市政府根据国家文旅部安排，赴智利、美国开展海外“欢乐春节”巡演、巡展，参与中国台湾南投元宵灯会，赴非洲四国开展文艺演出，支持杭州爱乐乐团等文化单位赴海外交流，推动中国优秀传统文化和杭州特色文化“走出去”。

第三节　优化江西省文化与旅游公共服务效率的经验与对策

一、江西省文化与旅游公共服务效率测度排名总体分析

首先，从总体上看，江西省地级市政府文化与旅游公共服务效率比较优秀，进入文化与旅游公共服务效率“百高市”榜单的数量较多，并在全国及地区同行中排名居前。比如，从表6.5可以看出，江西省11个地级市中有7个地级市进入中国地方政府文化与旅游公共服务效率“百高市”榜单，进入“百高市”的地级市数量占江西地级市总数的比重高达63.64%。位列“百高市”榜单的江西省地级市分别是：九江市（全国第26名、华东地区第13名）、上饶市（全国第33名、华东地区第16名）、南昌市（全国第36名、华东地区第17名）、吉安市（全国第42名、华东地区第20名）、宜春市（全国第45名、华东地区第22名）、新余市（全国第49名、华东地区第24名）、赣州市（全国第57名、华东地区第29名）。同时，江西省进入中国地方政府文化与旅游公共服务效率“百高市”榜单的7个地级市

全部位列华东地区地级市文化与旅游公共服务效率前30名，其中九江市位列华东地区第13名。

表6.5　江西省进入文化与旅游公共服务效率“百高市”的地级市排名

城市	标准化值	地区排名	全国排名	城市	标准化值	地区排名	全国排名
华东地区							
九江市	0.4610	13	26	宜春市	0.2552	22	45
上饶市	0.3536	16	33	新余市	0.2415	24	49
南昌市	0.3229	17	36	赣州市	0.2185	29	57
吉安市	0.2718	20	42				

资料来源：《中国地方政府文化与旅游公共服务效率研究报告（2020）》

表6.6反映了江西省及相邻6个省进入中国地方政府文化与旅游公共服务效率“百高市”的数量及其所占比例，证明江西省地级市文化与旅游公共服务效率很高。与相邻6个省份相比，江西省进入“百高市”榜单地级市数量比例超过安徽省（31%）、湖北省（38%）、湖南省（36%）、广东省（29%）、福建省（44%）5省。尽管江西省进入“百高市”榜单的地级市数量比例低于浙江省（91%），但是江西省进入“百高市”榜单数量比例超过60%，远高于浙江省以外的其他5省进入“百高市”榜单数量所占比例。

表6.6　江西等省文化与旅游公共服务效率“百高市”所占比例

省份	地区	地级市总数/个	进入“百高市”数量/个	进入“百高市”比例
江西省	华东地区	11	7	64%
安徽省	华东地区	16	5	31%
湖北省	中南地区	13	5	38%
湖南省	中南地区	14	5	36%
广东省	中南地区	21	6	29%
福建省	华东地区	9	4	44%
浙江省	华东地区	11	10	91%

资料来源：《中国地方政府文化与旅游公共服务效率研究报告（2020）》

因此，江西省地级市政府文化与旅游公共服务效率整体表现优秀。

二、江西省地级市政府文化与旅游公共服务效率测度因素排名分析

江西省地级市政府文化与旅游公共服务效率测度因素包括文化与旅游基础公共服务（0.60）、文化与旅游服务成效（0.30）和文化与旅游管理成本（0.10）3个测度因素。2020年江西省地级市政府文化与旅游公共服务效率"百高市"测度因素排名，如表6.7所示。

表6.7　进入文化与旅游公共服务效率"百高市"的江西省地级市测度因素排名

名称	文化与旅游公共服务效率标准化值及排名			测度因素排名					
				文化与旅游基础公共服务		文化与旅游服务成效		文化与旅游管理成本	
权重	1			0.60		0.30		0.10	
	标准化值	全国排名	华东排名	全国排名	华东排名	全国排名	华东排名	全国排名	华东排名
九江市	0.461	26	13	131	53	9	3	250	63
上饶市	0.3536	33	16	147	57	18	9	299	75
南昌市	0.3229	36	17	80	35	24	12	61	20
吉安市	0.2718	42	20	93	39	34	18	285	73
宜春市	0.2552	45	22	143	56	26	14	263	69
新余市	0.2415	49	24	39	18	49	23	12	3
赣州市	0.2185	57	29	148	58	32	17	319	76

资料来源：《中国地方政府文化与旅游公共服务效率研究报告（2020）》

江西省地级市文化与旅游公共服务效率排名居前、表现优秀的直接原因在于该省地级市政府文化与旅游公共服务效率测度因素表现出众、排名靠前。通过表6.7可以看出，进入文化与旅游公共服务效率"百高市"的江西省7个地级市中，其测度因素文化与旅游服务成效表现特别优异，都位于全国同行排名的前50。比如，九江市文化与旅游服务成效排在全国第9名、上饶市排在全国第18名、南昌市排在全国第24名、宜春市排在全国第26名、赣州市排在全国第32名、吉安市排在全国第34名、新余市排在全国第49名。同时，江西省地级市政府文化与旅游公共服务效率也面临一些制约因素，比如，测度因素文

化与旅游管理成本排名滞后，进入“百高市”榜单的7个地级市中只有2个位列全国同行前100名，有5个地级市（赣州市、上饶市、吉安市、宜春市、九江市）文化与旅游管理成本排名十分靠后，分别排在全国同行第319名、第299名、第285名、第263名、第250名。又如，测度因素文化与旅游基础公共服务也表现欠佳，进入“百高市”榜单的7个地级市中只有3个位居全国同行前100名，有4个地级市（赣州市、上饶市、宜春市、九江市）文化与基础公共服务排名比较滞后，分别排在全国第148名、第147名、第143名、第131名。

三、江西省地级市提升文化与旅游公共服务效率的实践经验

测度结果表明，2020年江西省地级市政府文化与旅游公共服务效率表现优秀，11个地级市中就有7个进入中国地级市政府文化与旅游公共服务效率“百高市”榜单，占该省地级市总数64%。分析江西省地级市政府文化与旅游公共服务效率提升实践经验，对包括江西省在内的我国地方政府改善文化与旅游公共服务效率具有借鉴价值。

（一）九江市提升文化与旅游公共服务效率的实践经验

九江市政府文化与旅游公共服务效率特别优异，是中国文化与旅游公共服务效率“百高市”，其测度结果排在全国同行第26名、华东地区同行第13名。九江市文化与旅游公共服务效率的优异成绩得益于该市政府在加强文化与旅游公共服务能力建设、打造旅游精品路线等方面的积极有效作为。

首先，优化艺术等公共文化服务供给，拓展群众文化等公共服务平台。九江市结合打赢新型冠状病毒肺炎疫情阻击战、决胜全面建成小康社会、决战脱贫攻坚等目标任务，围绕中国人民抗日战争暨世界反法西斯战争胜利75周年、中国人民志愿军抗美援朝出国作战70周年纪念活动，聚焦绿色生态文明建设、红色革命记忆等题材，组织创作推出一批集思想性、艺术性、观赏性于一体的公共文化精品力作；全力筹备音乐话剧《琵琶行》2020年5月的比赛，以及《跟着历史

名人游九江》系列电视片的筹拍、改进话剧《百官图》等；进一步加强“寻庐文化”“百姓剧场·雅俗共赏”“七彩九江”“百姓大舞台·大家一起来”“我们的节日”等公共文化服务品牌建设，丰富群众文化生活。同时，九江市政府鼓励各地设立繁荣群众文化活动专项资金，积极支持开展群众性文化活动，比如，实施戏曲振兴工程，组织小戏展演、精品剧目、传统戏剧进校园等活动；广泛开展内容丰富、形式多样的系列全民阅读活动；邀请著名文化学者专家、知名文艺团体演出讲座等。

其次，积极开发优质旅游服务资源，进一步打造精品旅游服务路线。九江市以“庐山天下悠”为总品牌，实现“山上做精、山下做大、环庐山做美做强”，发挥环庐山、大庐山、泛庐山的带动效应，围绕“两圈两带”战略，打造系列精品旅游服务线路，构建多重主题的旅游服务路线体系，包括以庐山为代表的观光揽胜游，以庐山西海、武宁为代表的休闲度假游，以庐山西海、白鹿洞书院为代表的研学体验游，以东林寺、云居山为代表的朝觐禅修游，以秋收起义修水景区为代表的红色文化游，以易家河、双井村为代表的秀美乡村游等特色精品路线。[1] 九江市通过创建不同主题的旅游服务路线更好地满足不同游客的需求，取得了明显成效，提升了该市文化与旅游公共服务质量与效率。

（二）南昌市提高文化与旅游公共服务效率的实践经验

南昌市在文化与旅游公共服务效率表现非凡，是中国文化与旅游公共服务效率“百高市”，其测度结果排在全国同行第 36 位、华东地区同行第 17 位。南昌市文化与旅游公共服务效率方面的优秀成绩源于该市政府十分重视文化与旅游公共服务品牌塑造、不断改进文化与旅游服务市场监管等方面。这主要反映在以下三个方面。

第一，重视扩大南昌城市品牌影响力，不断提升文化与旅游公共

---

[1] 九江市文化广电新闻出版旅游局．九江市 2020 年文广新旅工作要点［EB/OL］．(2020－07－23)［2020－09－12］．http：//wgxl. jiujiang. gov. cn/zwgk_216/zxjg/gzbg/202007/t20200723_4373738. html.

服务效能。近年来，南昌市持续在中央电视台 CCTV－1、CCTV－13 早间、午间时段投放“天下英雄城”形象宣传片，塑造文化与旅游城市品牌，不断增强南昌市面向海内外的品牌影响力；广泛利用新媒体，启动“文化旅游”微视频拍摄，以创意短视频的形式，围绕红色文化、南昌旅游新体验等内容主线，打造南昌文旅宣传“新看点”；以“城市代言＋旅游专列”等营销形式，组织我为“天下英雄城”代言宣传队开赴西北。在旅游专列沿线主要景区、市民广场开展户外宣传，在重点城市室内举办南昌文化旅游推介会，增强南昌市与国内重点旅游客源城市的交流。同时，为了吸引更多游客，南昌市制定了一项特殊政策，即全球大学生、高中生、中小学生均可享受南昌市所有 AAAA 级以上收费旅游景区免大门票优惠政策。

第二，加大监管力度，进一步规范文化与旅游服务市场秩序。南昌市持续加强文化与旅游服务市场监管和执法力度，对重点区域、重点环节、重点市场等进行高密度检查巡查，保障全市文化与旅游服务市场健康有序。该市以“清风”“净网”“护苗”“秋风”四个专项行动为工作抓手，强化“扫黄打非”日常监管工作，积极开展互联网上网服务营业场所监管，2019 年共巡查上网服务营业场所 395 家次，出动执法人员 1230 余人次，办理案件 41 宗。积极推进扫黑除恶专项斗争，依法取缔易滋生“黄赌毒”违法犯罪的无证无照娱乐场所 46 家；推进“扫黄打非”基层站点规范化标准化建设，建成基层工作站 1830 家。[1]

第三，进一步落实游南昌文化与旅游公共服务优惠政策，复苏、振兴南昌市文化与旅游服务产业。比如，落实“致敬白衣战士”系列活动文化与旅游服务优惠政策，南昌市所有 A 级旅游景区在新冠肺炎疫情结束恢复营业后至 2020 年 12 月 31 日，对来南昌市旅游的全国医务工作者实行免门票政策。又如，南昌市扩大景区周五下午门票优惠

[1] 南昌市文化广电新闻出版旅游局. 南昌市文广新旅局 2019 年工作情况［EB/OL］. (2020－03－18)［2020－09－12］. http://wgxj.nc.gov.cn/wgxlj/tzgg/202004/9c074aa819d84ce4b2552108fb5c43d1.shtml.

范围。2020年4月至6月，南昌市所有A级旅游景区和乡村旅游点对星期五下午进入景区游览的游客给予门票半价优惠。

（三）新余市优化文化与旅游公共服务效率的实践经验

新余市在文化与旅游公共服务效率方面表现优秀，是中国文化与旅游公共服务效率“百高市”。其测度结果排在全国同行第49名、华东地区同行第24名。新余市在文化与旅游公共服务效率方面取得的优异成绩离不开该市政府重视创建文化与旅游服务品牌、优化文化与旅游服务环境等方面的主动作为。

首先，注重创建文化与旅游服务资源特色品牌，促进该市文旅产业高质量发展。近年来，新余市立足“工小美”市情，以创建国家全域旅游示范城市、大力发展乡村旅游为重点，凝心聚力、奋发作为，在筑基固本、美颜塑形上下功夫。协助配合仙女湖区持续开展国家AAAAA级旅游景区创建工作；已成功打造中国洞都、彩色村、森林乐园等一批精品景区。其中，新余市最具特色的景区“仙女湖”在全省、全国已获得较高知名度和美誉度，2018年《中国诗词大会》七夕特别节目录制地也在仙女湖景区。依托仙女文化、七夕文化，仙女湖区正在规划建设“七夕小镇”“宽心小镇”。此外，新余市的彩色村打造出下保村花海艺术节、新溪油菜花节、罗坊镇湖头村荷花艺术节、人和乡向日葵花海文化旅游节等一批各具地方特色和文化内涵的旅游节庆活动，被农业农村部推介为“2018中国美丽休闲乡村”，2019年被文化和旅游部评为“全国乡村旅游重点村”。

其次，积极服务惠民，营造更好、更优的文化与旅游服务环境。一是在服务文化与旅游企业方面，新余市根据全市“放管服”改革要求，开展“减证便民”行动，推进“三单一网”管理，通过网站向社会公开，落实针对文化与旅游服务企业群众办事的“一次不跑”“只跑一次”政务服务工作。[1] 二是在服务游客及消费者方面，新余

[1] 新余市文化广电新闻出版旅游局．新余市文化广电新闻出版旅游局2019年工作要点［EB/OL］．（2020－05－23）［2020－09－12］．http：//wxj. xinyu. gov. cn/c100793/2019－05/23/content_7018c457a9c74fb0be653da3cd0b70d8. shtml.

市组织开展戏曲进校园、版画进校园、书画进社区、“红色文艺轻骑兵”送演出等活动。三是组织文化与旅游专业人员通过免费培训、举办讲座等公益行方式服务社会。

四、进一步提升江西省文化与旅游公共服务效率的对策

江西省地级市政府文化与旅游公共服务效率总体表现优秀，积累了系列实践经验，但是与其他省级政府相比，江西省文化与旅游公共服务效率提升仍然面临一些困难。一方面，江西省还有抚州市、景德镇市、萍乡市、鹰潭市 4 个地级市文化与旅游公共服务效率测度结果在全国排名比较滞后，没有进入中国文化与旅游公共服务效率“百高市”榜单；另一方面，江西省文化与旅游公共服务效率还不够高，没有进入中国省级政府文化与旅游公共服务效率前 10 名，即“十高省”榜单。这与江西省十分丰富的文化与旅游资源现状不够相称。因此，进一步提升江西省文化与旅游公共服务效率，建设文化与旅游强省，需要采取以下四个方面对策。

（一）持续完善文化与旅游公共服务体系

不断完善文化与旅游公共服务体系是提升地方政府文化与旅游公共服务效率的有效措施。进一步提高江西省文化与旅游公共服务效率，需要持续完善该省文化与旅游公共服务体系，主要包括以下两个方面。

一是持续完善江西省文化与旅游公共服务设施网络体系。在文化公共设施网络体系建设方面，加快江西省文化中心（省图书馆新馆、省博物馆新馆）建设；推动指导基层图书馆、文化馆基础设施建设；完善村（社区）综合性文化服务中心建设任务。同时，紧跟互联网的大潮流，加强公共数字文化建设。在旅游公共设施网络体系建设方面，重点推进旅游公路和 AAAA 级以上景区的一路、三道、一平台基本配套建设（景区公路、栈道、索道、游步道、观景平台），建立健全公共交通设施网络体系。这可以大大提高游客的出行效率，给游客良好的出行体验。另外，江西省还须做好“厕所革命”的检验工作。

尽管江西省的旅游厕所数量增加迅速，但是相关后续的维护管理有待加强。及时更新旅游厕所等级，及时解决不达标的旅游厕所相关的建设、维护、管理等方面突出问题。

二是开展文化与旅游惠民服务活动。开展丰富多彩的群众文化活动，增加受惠群众数量。组织开展书法、戏曲进校园、社区、乡村等活动，增加受惠群众数量；开展文化与旅游精准服务活动，提升惠民服务效果。比如在暑期，重点举办青少年文化活动；在春节前后，可以举办文化与旅游服务展示活动，展示文化与旅游公共服务体系建设成果。这不仅丰富了广大市民群众文化与旅游服务生活，而且改进了江西省文化与旅游公共服务质量与效率。

（二）充分依托“互联网＋”，加大文化与旅游宣传力度

进一步提升江西省文化与旅游公共服务效率离不开文化与旅游公共服务的宣传及推广，因此，需要充分发挥“互联网＋”扩大文化与旅游公共服务宣传力度。主要包括以下方面。

首先，积极开展对外交流活动。整合文化和旅游“走出去”的优势资源，拓宽文化和旅游“走出去”渠道，积极组织江西艺术团赴日本长崎等地参加文化部“欢乐春节”文化品牌等活动。在对外交流过程中，重点宣传江西省的文化与旅游服务特色，提高文化与旅游品牌知名度，提升国际宣传效果。在“走出去”的同时也要“引进来”。江西省曾面向保加利亚、希腊等国举办江西文化旅游推介、香港青少年红色之旅江西行、2019“江西风景独好”（香港、台湾）文化旅游宣传推广等活动。以后，可以在此基地上加大活动力度，吸引更多地区的人到江西省参观开发。

其次，推进“互联网＋旅游”模式，推动“线上线下”互动营销、融合营销、精准营销。在热门网站、微信平台等智能化综合文化与旅游服务平台上投放宣传广告或者短视频介绍，通过知名网站、社交媒体对江西省文化与旅游资源进行线上曝光，为全球游客推介旅游资源。同时，借助“一带一路”开展针对性文化与旅游服务营销行动，江西省应以港澳台、东南亚、东北亚和欧美市场为重

点目标，以东盟国家为试点，建立江西入境旅游营销渠道，加强境外社交媒体宣传，认真做好邀请境外旅行商、媒体和友好人士来赣踩线采风活动。

（三）进一步提高文化与旅游资源统筹配置质量及效率

文化与旅游资源统筹配置质量及效率是影响江西省文化与旅游公共服务效率提升的重要措施。为此，进一步提高江西省文化与旅游公共服务效率需要注意以下方面。

一是通过深化文化与旅游服务管理体制改革，加大跨行政区域的文化与旅游资源整合力度。进一步提高江西省文化与旅游公共服务效率，需要不断丰富优质旅游产品供给以满足游客的不同偏好，在纵向自我提高的同时，还需横向联合其他省市共同打造红色旅游市场，形成合力，比如江西赣州、贵州遵义、陕西延安三市合作打响长征文化品牌等模式，有待进一步推广，并用于与湖南长沙等地展开深度的文化与旅游深度合作。

二是建立重大文化与旅游项目联合推进机制。建立重大文化与旅游项目联合推进及落地机制，每年重点扶持一个到两个重大文化旅游项目的落实落地。比如，学习景德镇陶瓷文化传承创新试验区的发展经验，将南昌汉代海昏侯国考古遗址公园打造为集旅游观光、文化体验、生态休闲于一体的旅游观光综合体。

三是从实际出发，花小钱办大事。一方面，通过政府出资，搭建全省文化与智慧旅游监管平台；另一方面通过购买服务，搭建宣传推广文化与旅游公共服务平台，比如与江西移动等合作“云游江西”小程序与公众号，以便用便捷的方式吸引游客。同时，还拿出2000万元助力全省AAAA级以上景区提升文化与旅游智慧化建设，提升文化和旅游业发展质量。[1]

四是鼓励银行等金融机构在依法依规前提下发行“江西风景独好”、AAAAA级旅游景区、非物质文化遗产等文化和旅游消费主题

[1] 江西省人民政府．江西步入文旅融合快车道［EB/OL］.（2019-12-27）［2020-09-12］. http://www.jiangxi.gov.cn/art/2019/12/27/art_5296_1302376.html.

文创联名银行卡。推进文化和旅游服务消费“一卡通”，有效整合各方资源，对联名银行卡持卡人在景点门票、道路交通、酒店住宿、农家乐餐饮、旅游特色项目等提供折扣优惠、消费分期支付等特色权益，优化文化和旅游消费支付体验，并依托现有文化、旅游与金融合作服务平台，通过消费数据监测评估，构建规范化、可追溯的文化和旅游消费信用体系，进一步提升江西省文化与旅游公共服务质量与效率。

（四）进一步巩固提升文化与旅游产业复苏成果

2020 年的新冠疫情及常态化防控为江西省文化与旅游业复苏发展带来了一些不利影响，为此后疫情时代进一步巩固提升文化与旅游业复苏成果，有利于提高江西省文化与旅游公共服务效率。这主要体现在以下方面。

一是积极应对后疫情时代疫情防控常态化的新问题，切实执行各类支持文化和旅游业的政策措施。江西省已经实施的系列文化与旅游公共服务优惠政策，为文旅产业复苏提供了政策保障。比如暂退旅行社保证金，落实企业租金减免政策、税收优惠政策，延长办理文化与旅游企业社保业务期限等。同时，进一步落实好文化与旅游服务企业资金保障。建议金融机构适当下调贷款利率，增加信用贷款和中长期贷款额度；持续引导中小微文化和旅游企业通过江西省小微客户融资服务平台、一站式金融综合服务平台申请贷款。

二是江西省各地在保持正常工作、生产和经营秩序的前提下，鼓励错峰出游和弹性作息。为有效应对新冠疫情对文化与旅游服务业的影响和冲击，江西省有条件的地方政府和单位 2020 年第二季度可依法优化作息安排，为职工周五下午与周末结合外出休闲度假提供便利，积极释放周末文化与旅游活力；认真落实带薪休假制度，不断完善职工休假相关保障制度建设，增加出游频率，让群众休假活动多样性、立体化。

第四节　提升地方政府文化与旅游公共服务效率的其他经验与对策

一、不断优化文化与旅游公共服务供给

不断优化文化与旅游公共服务供给，有助于稳步提升文化和旅游产业规模，不断提高文化与旅游产业结构及发展质量，进而提升文化与旅游公共服务效率。为此，须注重以下几方面。

第一，持续加强文化基础公共服务建设，有助于提升文化与旅游公共服务供给效率。在公共服务供给侧改革及疫情防控常态化背景下，不断完善文化基础公共服务建设，深入推进基本公共文化服务标准化工程，创新文化与旅游管理机制，促进区域公共文化资源优化配置，推动各地建立区域文化交流和合作机制，有利于推动区域内公共文化服务资源共建共享，促进文化与旅游公共服务质量与效率提升。

第二，依托“互联网+”，加速文化与旅游产业转型升级，也有助于提高文化与旅游公共服务供给效率。近年来，在建设数字中国系列部署推动下，我国文化和旅游产业新型业态蓬勃兴起，特别是数字文旅产业表现突出。在线旅行服务平台、生活服务平台等众多新业态有力带动旅游领域创业就业，成为旅游产业发展的新领域。目前，我国不断释放数字文旅消费潜力，促进数字文化内容和互联网旅游、智慧旅游、虚拟旅游等新模式互动，加强文化和旅游企业交融合作，促进了文化与旅游产业转型、发展升级。

第三，建立健全文化与旅游公共服务供给绩效评估体系，推进基本公共服务均等化。实施地方政府文化与旅游公共服务绩效考核机制，结合辖区内的实际以及地方政府领导工作成效，建立、完善以文化与旅游公共服务为基础的合理科学的领导干部绩效考核机制，有助于实现文化与旅游基本公共服务均等化，不断提升文化与旅游公共服务效率。

二、持续提高文化与旅游政策效果及服务效益

首先，完善文化与旅游基本公共服务标准，保障文化与旅游公共服务体系建设。文化与旅游公共服务标准化是治理文化与旅游乱象、改进文化与旅游公共服务质量、提升文化与旅游公共服务效能的有效举措。而缺乏完善统一的文化与旅游公共服务效能评价指标体系的原因在于政府部门标准化意识淡薄且各部门没有明确分工，各部门只负责自身职责、部门之间缺乏协同。这就导致文化与旅游公共服务效能评价难以形成完整体系，无法进行全面、科学的衡量，从而降低文化与旅游服务效益。

其次，加强文化与旅游服务政策保障。为此，重视中央和地方各级财政对文化与旅游公共服务的支持力度；制定完善金融支持政策，加大对国家重要文化和自然遗产、国家非物质文化遗产等珍贵遗产资源的保护。完善相关文化与旅游公共服务相关的奖励、补贴政策，落实税收优惠，引导和鼓励企业、社会组织和个人共建相关文化与旅游服务项目。同时，加强对文化消费者及游客合法权益的保障，避免损人与“宰客”现象出现，以此提升文化与旅游服务政策成效。

另外，持续加大文化与旅游宣传投入，吸引中外游客。增加文化与旅游服务效益，必须要加强宣传推广，才能吸引大量游客。因此，地方政府要综合利用报纸、书刊、电视台、互联网等各类载体，融通多媒体资源，统筹宣传当地的文化与旅游资源及服务品牌；加强对外文化与旅游交流合作，丰富文化与旅游交流内容。比如，地方政府综合运用博览会、电影节、旅游产业发展大会等品牌塑造活动，有助于帮助各类文化与旅游景点景区走入寻常人家。

三、统筹推进常态化疫情防控和文旅高质量发展

首先，抓好疫情防控常态化工作，促进文化和旅游业高质量发展。强化高效能治理，培育文旅智慧监管新常态，加强行业监管，强化重点领域、重点环节的疫情防控。统筹推进常态化疫情防控和经济社会发展工作，着力营造良好文化与旅游营商环境，打好政策“组合

拳”提振文化与旅游服务消费，进一步激发文化和旅游消费潜力，引导广大居民、游客健康放心出游。加大对文旅产业的金融支持，进一步为文旅企业解决复工复产中面临的困难。

其次，同步从供给侧和需求侧两端改革发力，提升文化与旅游服务质量。在打好疫情防控“阻击战”同时，要统筹打好文旅发展“主动仗”；在疫情防控进入常态化后，地方政府要努力推动文旅行业恢复发展、创新发展、高质量发展。面对疫情带来的深刻变化，要丰富高品质文化与旅游服务供给，培育线上线下融合新机制是地方政府深化文化与旅游供给侧改革的重点。实施线下限流，线上引流。为弥补因限流带来的不便，文化与旅游公共服务组织要强化线上服务。利用大数据、区块链等技术，提升文化与旅游服务质量；利用互联网、数字化等技术手段，推动文化与旅游业态多元化。

此外，深化高水平融合，培育文旅高质量发展新增长点。构建历史文化保护网络、旅游绿道蓝道网络、文化与旅游公共服务共享网络；主动抢抓机遇，加快景区基础设施、旅游人才能力等建设，丰富线上文旅产品创新供给，适应市场新变化。文旅行业的龙头企业根据自身优势和特点，策划特色产品、整合平台资源、加大优惠力度，引领居民、游客发现和体验文旅融合新亮点、新景观、新展演和新活动，进一步拉动文化与旅游服务消费，提振文化与旅游公共服务信心，以此提升文化与旅游公共服务效率。

参考文献

［1］本报评论员．强化“大产业”观 构建文旅综合产业体系［N］．平顶山日报，2020－08－24（001）．

［2］由洪佳．化危为机主动作为 推动文旅产业高质量发展［N］．哈尔滨日报，2020－08－26（008）．

［3］中华人民共和国文化和旅游部．2019年文化和旅游发展统计公报［EB/OL］．（2020－06－20）．https：//www.mct.gov.cn/whzx/ggtz/202006/t20200620_872735.htm.

［4］周晓丽，毛寿龙．论我国公共文化服务及其模式选择［J］．江苏社会科学，2008（1）．

［5］闫平．服务型政府的公共性特征与公共文化服务体系建设［J］．理论学刊，2008（12）：90－93．

［6］陈希琳．公共文化服务体系需满足群众基本需求［J］．经济，2011（7）．

［7］赖作莲．基于DEA－Tobit方法的公共文化服务效率评价及其影响因素研究［J］．内蒙古财经大学学报，2016，14（6）：46－50．

［8］俞一楠．城市公共文化服务供给方式比较研究［D］．上海：华东理工大学，2012．

［9］齐勇锋，李平凡．完善公共文化服务体系 提高国家文化软实力［J］．中国特色社会主义研究，2012（1）．

［10］王鹤云．我国公共文化服务政策研究［D］．北京：中国艺术研究院，2014．

［11］李爽．旅游公共服务供给机制研究［D］．厦门：厦门大学，2008．

［12］张泰城，王伟年．旅游公共服务建设中地方政府行为分析［J］．中州学刊，2009（4）：114－118．

［13］李军鹏．加快完善旅游公共服务体系［J］．旅游学刊，2012，27（1）：4．

［14］李建中，李爽，甘巧林．节事活动旅游公共服务第三部门供给研究［J］．

社会科学，2009（10）.
[15] 何池康. 旅游公共服务体系建设研究［D］. 北京：中央民族大学，2011.
[16] 荣浩. 旅游公共服务及相关概念辨析［J］. 现代商贸工业，2012（8）：96.
[17] 徐菊凤. 旅游公共服务：理论与实践［M］. 北京：中国旅游出版社，2013.
[18] 卢新新，朱俭. 旅游公共服务内涵研究［J］. 现代商贸工业，2016，37（30）：22－23.
[19] 韩慧. 西部省区公共文化服务供给效率评价研究［D］. 兰州：兰州大学，2019.
[20] 曹望华. 公共服务效率的三重价值内涵［J］. 经济与社会发展，2011，9（11）：79－81.
[21] 王华春. 公共服务投入效率亟待提升［N］. 经济日报，2013－02－21（006）.
[22] 中国行政管理学会. "政府社会管理与公共服务"论文集［C］. 中国行政管理学会，2004：4.
[23] 陈诗一，张军. 中国地方政府财政支出效率研究：1978—2005［J］. 中国社会科学，2008（4）：65－78.
[24] 王伟同. 中国公共服务效率评价及其影响机制研究［J］. 财经问题研究，2011（5）：19－25.
[25] 孙德梅，王正沛，孙莹莹. 我国地方政府公共服务效率评价及其影响因素分析［J］. 华东经济管理，2013，27（8）：142－149.
[26] 章霄凯. 中国省域基本公共服务效率测度及分布研究［D］. 兰州：兰州大学，2017.
[27] Athanassopoulos A，Triantis K. Assessing aggregate cost efficiency and the related policy implications for Greek local municipalities［J］. Information Systems and Operational Research，1998，36（3）：66－83.
[28] Grossman，Mavros，Wassrner. Public sector technical inefficiency in large U. S. cities［J］. Journal of Urban Economics，1999，46（2）：278－299.
[29] 涂斌，王宋涛. 地方政府公共文化支出效率及影响因素：基于广东21个地级市的实证分析［J］. 经济问题，2012（3）：18－21.
[30] 杨林，许敬轩. 地方财政公共文化服务支出效率评价与影响因素［J］. 中

央财经大学学报，2013（4）：7-13.
[31] 王银梅，朱耘婵. 基于面板数据的地方政府公共文化支出效率研究［J］. 经济问题，2015（6）：35-40.
[32] 吴浩然，吴祁宗. 地方财政公共文化服务支出的效率评价：基于三阶段DEA窗口模型［J］. 数学的实践与认识，2017，47（3）：74-83.
[33] 孔进. 我国政府公共文化服务提供能力研究［J］. 山东社会科学，2010（3）.
[34] 吴建军，周锦，顾江. 公共文化服务体系效率评价及影响因素研究：以江苏省为例［J］. 东岳论丛，2013，34（1）：131-136.
[35] 邓洪波，陆林. 基于DEA模型的安徽省城市旅游效率研究［J］. 自然资源学报，2014，29（2）：313-323.
[36] 邓洪波，宋玉祥. 中国东北地区旅游业效率时空格局演变及驱动因素［J］. 地域研究与开发，2019，38（5）：85-90.
[37] 吕倩. "一带一路"沿线省区旅游产业效率特征及影响因素研究［D］. 合肥：安徽大学，2019.
[38] 屈有明，李彦华，闫磊. 中国旅游业效率评价及其态势研究：基于三阶段DEA-Malmquist指数法［J］. 中北大学学报（社会科学版），2020，36（5）：83-90.
[39] 唐任伍，唐天伟. 2002年中国省级地方政府效率测度［J］. 中国行政管理，2004（6）：64-68.
[40] 朱火弟，蒲勇健. 政府绩效评估研究［J］. 改革，2003（6）.
[41] 蒋建梅. 政府公共文化服务体系绩效评价研究［J］. 上海行政学院学报，2008（4）：60-65.
[42] 查卓. 上海市公共文化服务效率评价与提升［D］. 上海：华东政法大学，2018.
[43] 汤金羽，朱学芳. 我国公共文化云微信公众平台服务效率评估［J］. 图书馆论坛，2019，39（9）：127-134.
[44] Pitt M, Lee L. The Measurement and sources of technical inefficiency in Indonesian weaving industry [J]. Journal of Development Economics, 1981 (9): 43-46.
[45] Thompson K, Schofield P. An investigation of the relationship between public transport performance and destination satisfaction [J]. Journal of Transport Geography, 2007, 15 (2): 136-144.
[46] Um S, Chon K, Ro Y. Antecedents of revisit intention [J]. Annals of Tourism

Research, 2009, 33 (4): 1141 - 1158.

[47] 蔡芳娜，郑杭杭，钱晓燕. 全域旅游视域下三明市森林康养旅游效率评价研究 [J]. 现代农业研究，2020，26 (3): 6 - 9.

[48] 李志勇. 低碳经济视角下旅游服务效率评价方法 [J]. 旅游学刊，2013，28 (10): 71 - 80.

[49] 徐文燕，张青. 基于 DEA 方法的在线旅游服务创新效率评价研究 [J]. 哈尔滨商业大学学报（社会科学版），2015 (5): 100 - 110.

[50] 孙璐，吴瑞明，李韵. 公共服务绩效评价 [J]. 统计与决策，2007 (4): 65 - 67.

[51] 侯艳红. 文化产业投入绩效评价研究 [D]. 天津：天津工业大学，2008: 31 - 36.

[52] 冯涛，李湛. 建国以来中国政府效率变迁的数量分析——基于 Malmquist 生产率指数的研究 [J]. 西安交通大学报（社会科学版），2009 (4).

[53] 王家庭，张荣. 基于三阶段 DEA 模型的中国 31 省市文化产业效率研究 [J]. 中国软科学，2009 (9): 75 - 82.

[54] 杨济铭，刘明. 我国大型体育场馆公共体育服务效率测度及影响因素研究 [C] //中国体育科学学会. 第十一届全国体育科学大会论文摘要汇编. 中国体育科学学会，2019: 3.

[55] Zongbing Deng. Factors influencing the supply efficiency of basic public service at country level [J]. Asian Agricultural Research, 2013, 5 (9): 53 - 59.

[56] Chaoyin Wu. Study on the supply efficiency of rural public service in China based on three - stage DEA model [J]. Asian Agricultural Research, 2014, 6 (1): 6 - 13.

[57] 任洁. 基于边际支出与效率测评的公共文化服务供给研究：以福建为例 [J]. 中国海洋大学学报（社会科学版），2017 (6): 72 - 77.

[58] 谭秀阁，王峰虎. 基于 DEA 的我国公共文化投入效率研究 [J]. 发展研究，2011 (2): 90 - 93.

[59] 申亮，王玉燕. 我国公共文化服务政府供给效率的测度与检验 [J]. 上海财经大学学报，2017，19 (2): 26 - 37 + 49.

[60] 查建平，王挺之. 环境约束条件下景区旅游效率与旅游生产率评估 [J]. 中国人口·资源与环境，2015，25 (5): 92 - 99.

[61] 陈昌盛，蔡跃洲. 中国政府公共服务：体制变迁与地区综合评估 [M]. 北

京：中国社会科学出版社，2007：8－22.

［62］陈立旭. 公共文化服务的均等化与效率［J］. 中共浙江省委党校学报，2015，31（1）：19－25.

［63］何莲，廖青虎. 基于广义加法模糊 DEA 的公共文化服务效率测算［J］. 武汉理工大学学报（信息与管理工程版），2017，39（3）：306－310.

［64］田景苑. 中国县市级文化馆公共文化服务效率评价研究［D］. 成都：西南交通大学，2019.

［65］王莹，王昱. 基于 DEA 模型的乡村旅游公共服务绩效评估与优化研究：以浙江典型县（市）为例［J］. 江苏商论，2018（2）：67－71.

［66］李爽. 旅游公共服务有效供给的效率本质与实现研究［J］. 广东科技，2010，19（10）：72－74.

［67］方叶林. 中国省域旅游业效率及演化机理研究［D］. 南京：南京师范大学，2014.

［68］浙江省文化和旅游厅. 浙江省文化和旅游厅 2020 年工作要点［EB/OL］.（2020－02－03）. http：//ct. zj. gov. cn/art/2020/2/3/art_1653937_41869781. html.

［69］浙江省文化和旅游厅. 浙江省文化和旅游厅 2019 年工作要点［EB/OL］.（2019－11－28）. http：//ct. zj. gov. cn/art/2019/11/28/art _1643509 _40600903. html.

［70］成都市统计局. 2019 年成都市国民经济与社会发展统计公报［EB/OL］.（2020－03－08）. http：//www. cdqy119. org. cn/news－look. aspx？ id＝473.

［71］成都市文化广电旅游局. 成都市文化广电旅游局关于 2019 年工作总结和 2020 年工作思路的报告［EB/OL］.（2020－07－12）. http：//cdwglj. chengdu. gov. cn/cdwglj/c133193/2020－07/13/content_8bcc6cdf25d 94f6b95c6ff85459fec8f. shtml.

［72］成都市文化广电旅游局科宣处. 我市出台《关于应对新冠肺炎疫情影响 促进文化旅游业健康发展的若干措施》20 条措施 切实帮助文旅企业减轻负担［EB/OL］.（2020－03－04）. http：//cdwglj. chengdu. gov. cn/cdwglj/c133195/2020－03/19/content f597003b05654eab8d1fcfa862b8d995. shtml.

［73］杭州市文化广电旅游局. 2019 年杭州市文广旅游工作总结和 2020 年工作思路［EB/OL］.（2020－06－29）［2020－09－10］. http：//wgly. hangzhou. gov. cn/art/2020/6/29/art_1692886_49321615. html.

附 录

附录1 2020年中国地方政府文化与旅游公共服务效率测度指标数据来源及处理说明

附录1.1 2020年省级政府文化与旅游公共服务效率测度指标数据来源及处理说明

1. “三馆”数量［个/人×平方千米］是指每平方千米面积内人均拥有的图书馆、文化馆、博物馆的数量，通过计算“三馆”总数/常住人口/面积得出。数据来源于2019年各省国民经济与社会发展统计公报，其中，广西壮族自治区、西藏自治区、甘肃省数据来源于2018年国民经济与社会发展统计公报，上海市、江苏省及安徽省数据来源于《中国统计年鉴2019》。

2. 万人拥有群众文化设施建筑面积（平方米）是指每万人拥有的群众文化设施建筑面积，数据来自《中国文化和旅游统计年鉴2019》。

3. 人均拥有公共图书馆藏书量（册）是指人均拥有公共图书馆藏书量，通过公共图书馆藏书总量/常住人口计算得出，数据来源于《中国统计年鉴2019》。

4. 出版物发行网点（处/万人）是指出版物发行网点/常住人口，数据来源于《中国统计年鉴2019》。

5. 城市人均公园绿地面积（平方米）是指城市公园绿地面积/城镇常住人口，数据来源于《中国统计年鉴2019》。其中，浙江省、福建省数据来源于2019年国民经济与社会发展统计公报。

6. 铁路密度（千米/平方千米）是指铁路总里程/省级总面积，数据来源于2019年各省国民经济与社会发展统计公报。广西壮族自治区、云南省、西藏自治区、甘肃省、陕西省数据来自2018年各省国民经济与社会发展统计公报；湖北省、海南省、山西省数据来自《中国统计年鉴2019》；上海市、宁夏回族自治区、新疆维吾尔自治区、天津市、河北省数据来自《中国第三产业统计年鉴2019》；浙江省、北京市、四川省、贵州省、广东省、山东省等地区数据来自2019年各地统计年鉴。

7. 公路密度（千米/百平方千米）是指公路总里程/省级总面积，数据来源于2019年各省级政府国民经济与社会发展统计公报或《中国交通年鉴2019》。广西壮族自治区、云南省、甘肃省、陕西省等数据来自2018年国民经济与社会发展统计公报。

8. 旅客周转量（亿人千米）是指全年旅客运输工作总量，数据来源于2019年各省国民经济与社会发展统计公报或《中国统计年鉴2019》，广西壮族自治区数据来自2018年国民经济与社会发展统计公报。

9. 机场旅客吞吐量（万人次）是指机场旅客吞吐人数总和，数据来源于中国民用航空局官网。

10. 万人拥有公共汽电车运营车数（辆）是指万人拥有的公共汽车、电车运营数量，公共汽车、电车运营数量/常住人口，数据来源于《中国统计年鉴2019》。其中，福建省、江西省、山东省、河南省、湖北省、湖南省、广东省、广西壮族自治区数据来自《中国第三产业统计年鉴2019》。

11. 交通事故发生数（起）（逆指标）是指全年发生的交通事故总数，数据来源于《中国统计年鉴2019》。其中，安徽省数据来自2019年国民经济与社会发展统计公报。

12. 旅行社数量（家/万人）是指旅行社总数/常住人口，数据来源于省级文化和旅游厅，或2019年各省国民经济与社会发展统计公报。其中，广东省、江苏省、山西省、内蒙古自治区、河北省、湖南省、广西壮族自治区、新疆维吾尔自治区、甘肃省等地区数据来自《中国统计年鉴2019》；陕西省数据来自2018年国民经济与社会发展统计公报。

13. 星级饭店数量（家/万人）是指星级饭店总数/常住人口，数据来源于省级政府文化和旅游厅或者《中国统计年鉴2019》。其中，宁夏回族自治区、新疆维吾尔自治区数据来自《中国文化与旅游统计年鉴2019》；山东省、河南省、辽宁省、吉林省、海南省数据来自2019年国民经济与社会发展统计公报；江西省数据来自《江西统计年鉴2019》。

14. AAAA、AAAAA级景区数量（家）是指官方网站发布的AAAA级和AAAAA级景区的数量之和，数据来源于省级文化和旅游厅，或2019年各省国民经济与社会发展统计公报，或《中国统计年鉴2019》。其中，山东省、河南省、吉林省数据来自2019年国民经济与社会发展统计公报；通过对该省所在地区其他省级政府该指标的平均值和最低的数据二次平均推算出指标数据的省级政府有福建省和江西省。

15. 限额以上住宿和餐饮业法人企业数量（家）数据来源于《中国统计年鉴2019》，其中，江西省、山东省数据来自2019年各省统计年鉴。通过对该省所在地区其他省级政府该指标的平均值和最低的数据二次平均推算出指标数据的省级政府有福建省和河南省。

16. 城市每万人拥有公共厕所数量（座）是指公共厕所总量/常住人口，数据来源于《中国统计年鉴2019》。

17. 微博关注量（个）是指省级文化和旅游厅官方账号的微博关注量，公布于政府网站工作报表中；数据来源于省级文化和旅游厅。

18. 微信订阅数（个）是指省级文化和旅游厅官方账号的微信订阅数，公布于政府网站工作报表中；数据来源于省级文化和旅游厅。通过对该省所在地区其他省级政府该指标的平均值和最低的数据二次平均推算出指标数据的省级政府有广东省和广西壮族自治区。

19. 信息发布数量（条）是指省级文化和旅游厅政府网站全年的信息发布数量总和，公布于工作年度报表中；数据来源于省级文化和旅游厅。

20. 留言办理时间（天）（逆指标）是指收到留言后，省级文化和旅游厅处理留言的时间，公布于省级文化和旅游厅政府网站工作年度报表中；数据来源于省级文化和旅游厅。

21. 文化与旅游法律法规数量（条）是指省级文化和旅游厅政务公开公布的文化与旅游法律法规数量，数据来源于省级文化和旅游厅。

22. 文旅工作要点公开数据来源于省级文化和旅游厅。考察省级文化和旅游厅是否公开2020年工作要点报告或者2019年工作要点报告。公开2020年工作要点报告，则记为3分；公开2019年工作要点报告，则记为2分；两者都不公布，则记为1分。

23. 旅游产业发展大会及影响数据来源于官方媒体报道。其中，重庆市、四川省、贵州省数据来源于中国经济网。本指标数据收集及计算涉及两个方面，一是旅游发展大会的首次举行的时间；二是领导重视程度（出席领导层级）。如果满足以上两方面要求，就视其情形记为3分；如果仅符合一个层次的或者没有相关报道，就视其情形记为2分；若两方面都没有报道，则视其情形记为1分。

24. 疫情防控政策及影响数据来源于省级文化和旅游厅，本指标评价标准包括两方面：一是疫情防控政策首次发布时间；二是是否报道疫情防控政策的成效。由于大多数报道成效，在收集信息时主要查看相关文件的数量是否较多（2020年2月1日—3月31日前）。如果同时满足第一方面、第二方面，则记为3分，如果满足一方面，则视其情况记为1分或2分。

25. 公共图书馆人均流通人次（人次）数据来源于《中国文化与旅游统计年鉴2019》。

26. 艺术表演团体演出场次（场次/万人）是指艺术表演团体演出总场次/常住人口，数据来源于《中国统计年鉴2019》。福建省、江西省、山东省、河南省数据来源于文化和旅游厅；海南省、重庆市、四川省、贵州省数据来源于《中国文化文物统计年鉴2018》。

27. 提供文化服务次数（次/万人）是指提供文化服务总次数/常住人口，数据来源于《中国统计年鉴2019》。福建省、江西省、山东省、河南省数据来源于文化和旅游厅；海南省、重庆市、四川省、贵州省数据来源于《中国文化文物统计年鉴2018》。

28. 限额以上住宿业企业营业额（亿元）数据来源于《中国统计年鉴2019》。

29. 旅游总人次（万人次）是指各省全年游客总人次，数据来源于2019年各省国民经济与社会发展统计公报。河南省数据来自2018年国民经济与社会发展统计公报；湖北省、湖南省、广东省数据来源于《中国统计年鉴2019》；数据来源于文化和旅游发展委员会等官网的省级政府有重庆市和广西壮族自治区。

30. 旅游总收入（亿元）数据来源于2019年各省级政府国民经济与社会发展统计公报。河南省数据来自2018年国民经济与社会发展统计公报；湖北省、湖南省、广东省数据来源于《中国统计年鉴2019》；数据来源于文化和旅游发展委员会等官网的省级政府有重庆市。

31. 文化与旅游政府机构数量［个/(人×平方千米)］是指每平方千米面积内人均所拥有的文化和旅游厅政府机构的数量，通过计算文化和旅游政府机构数目/常住人口/面积得出；数据来源于省级政府文化和旅游厅。

32. 文化和旅游管理部门从业人员［人/(人×平方千米)］是指每平方千米面积内人均拥有的文化和旅游厅管理部门从业人员的数量，通过计算文化和旅游政府从业人员/常住人口/面积得出；数据来源于省级政府文化和旅游厅。

33. 文化传媒支出占地方一般公共预算支出比重（%）是指文化与传媒支出/地方一般公共预算支出，数据来源于《中国统计年鉴2019》。福建省、江西省、山东省、河南省数据来源于省级政府文化和旅游厅；贵州省数据来源于2019年国民经济与社会发展统计公报。

附录 1.2　2020 年地级市政府文化与旅游公共服务效率测度指标数据来源及处理说明

1. “三馆”数量［个/(人×平方千米)］是指“三馆”总数/常住人口/面积，数据来源于 2019 年各市国民经济与社会发展统计公报。廊坊市、锡林郭勒盟、阿拉善盟、辽阳市、辽源市、通化市、松原市、白城市、大庆市、鸭山市、七台河市、枣庄市、肇庆市、崇左市、巴中市、毕节市、红河哈尼族彝族自治州、石嘴山市、吐鲁番市、阿克苏地区、和田地区等地区数据来源于 2018 年国民经济与社会发展统计公报；镇江市、泰州市、徐州市、湖州市、蚌埠市、宁德市、景德镇市、聊城市、安阳市、黄石市、荆门市、荆州市、随州市、汕头市、儋州市、凉山彝族自治州、资阳市、德宏傣族景颇族自治州、怒江傈僳族自治州、兰州市、南京市、杭州市等地区数据来源于 2019 年省级或市级统计年鉴；其中，通过对该市（区）所在地区其他地级市政府该指标的平均值和最低的数据二次平均推算出指标数据的地级市政府有邯郸市、朔州市、承德市、晋城市、沈阳市、淮安市、扬州市、绥化市、宿州市、益阳市、中山市、深圳市、南宁市、三沙市、黔南布依族苗族自治州、保山市、拉萨市、日喀则市、昌都市、山南市、那曲市、阿里地区、宝鸡市、咸阳市、渭南市、嘉峪关市、金昌市、天水市、喀什地区、克孜勒苏柯尔克孜自治州。

2. 人均拥有公共图书馆藏书量（册）是指人均拥有公共图书馆藏书量，公共图书馆藏书总量/常住人口，数据来源于 2019 年各市国民经济与社会发展统计公报或《中国城市统计年鉴 2019》。兴安盟、锡林郭勒盟、甘孜藏族自治州、阿勒泰地区、枣庄市、克孜勒苏柯尔克孜自治州、阿克苏地区数据来源于 2018 年国民经济与社会发展统计公报；其中，通过对该市（区）所在地区其他地级市政府该指标的平均值和最低的数据二次平均推算出指标数据的地级市政府有延边朝鲜族自治州、大同市、阿拉善盟、黔西南布依族苗族自治州、黔东南苗族侗族自治州、黔南布依族苗族自治州、那曲市、阿里地区、临夏回族自治州、海北藏族自治州、黄南藏族自治州、海南藏族自治州、果洛藏族自治州、玉树藏族自治州、海西蒙古族藏族自治州、吴忠市、喀什地区、和田地区、昌吉回族自治州、博尔塔拉蒙古自治州、巴音郭楞蒙古自治州、塔城地区。

3. 城市人均公园绿地面积（平方米）是指城市公园绿地总面积/城镇常住人口，数据来源于《中国城市建设统计年鉴 2018》或者 2019 年各市国民经济与社会发展统计公报。数据来源于人民政府网的地级市政府有兴安盟、延边朝鲜族自治州、黔西南布依族苗族自治州、黔东南苗族侗族自治州、临夏回族自治州、甘南藏族自治州；湘西土家族苗族自治州数据来源于 2018 年国民经济与社会发展统计公报；数据来源于 2017 年中国城市建设统计年鉴的地级市政府有绥化市、三沙市；数据来源于 2019 年省或市统计年鉴的地级市政府有楚雄彝族自治州、大理白族自治州、德宏傣族景颇族自治州、怒江傈僳族自治州、阿克苏地区；数据来源于 2018 年省或市统计年鉴的地级市政府有恩施土家族苗族自治州、文山壮族苗族自治州；其中，通过对该市（区）所在地区其他地级市政府该指标的平均值和最低的数据二次平均推算出指标数据的地级市政府有阿拉善盟、阿坝藏族羌族自治州、甘孜藏族自治州、凉山彝族自治州、黔南布依族苗族自治州、红河哈尼族彝族自治州、西双版纳傣族自治州、阿里地区、海北藏族自治州、黄南藏族自治州、海南藏族自治州、果洛藏族自治州、玉树藏族自治州、海西蒙古族藏族自治州、博尔塔拉蒙古自治州、巴音郭楞蒙古自治州、克孜勒苏柯尔克孜自治州、伊犁哈萨克自治州。

4. 公路密度（千米/百平方千米）是指公路总里程/全市总面积，数据来源于 2019 年省或市级统计年鉴。数据来源于 2018 年省级或市级统计年鉴的地级市政府有石家庄市、邯郸市、邢台市、衡水市、兴安盟、辽阳市、松原市、白城市、牡丹江市、镇江市、徐州市、杭州市、舟山市、合肥市、佳木斯市、大庆市、双鸭山市、鹤岗市、黑河市、绥化市、淮北市、滁州市、临沂市、恩施土家族苗族自治州、长沙市、株洲市、武汉市、岳阳市、常德市、张家界市、益阳市、郴州市、永州市、云浮市、防城港市、崇左市、北海市、南宁市、贺州市、黔东南苗族侗族自治州、昭通市；数据来源于 2019 年国民经济与社会发展统计公报的地级市政府有无锡市、常州市、宣城市、福州市、莆田市、三明市、泉州市、漳州市（公路里程）、南平市（公路里程）、龙岩市（公路里程）、宁德市（公路里程）、萍乡市、鹰潭市、赣州市、吉安市、宜春市、抚州市、上饶市、济南市、青岛市、淄博市、潍坊市、东营市、泰安市、枣庄市、威海市、日照市、聊城市、滨州市、菏泽市、湘潭市、衡阳市、邵阳市、黄石市、宜昌市、鄂州市、荆门市、孝感市、黄冈市、肇庆市、江门市、珠海市、清远市、东莞市、深圳市、韶关市、河源市、惠州市、揭阳市、桂林市、成都市、自贡市、泸州市、德阳市、广元市、遂宁市、内江市、乐山市、南充市、柳州市、延安市、榆林市、嘉峪关市、兰州市、天水市、酒泉市、武威市；数据来源于2018年国民经济与社会发展统计公报的地级市政府有金昌市；数据来源于2017年国民经济与社会发展统计公报的地级市政府有廊坊市；其中，通过对该市（区）所在地区其他地级市政府该指标的平均值和最低的数据二次平均推算出指标数据的地级市政府有秦皇岛市、晋中市、乌海市、赤峰市、通辽市、呼伦贝尔市、巴彦淖尔市、锡林郭勒盟、阿拉善盟、沈阳市、鞍山市、抚顺市、本溪市、丹东市、锦州市、营口市、吉林市、四平市、通化市、辽源市、白山市、延边朝鲜族自治州、宿迁市、鸡西市、伊春市、七台河市、铜陵市、咸宁市、三沙市、儋州市、宜宾市、昌都市、林芝市、山南市、那曲市、阿里地区、西安市、宝鸡市、渭南市、汉中市、商洛市、白银市、张掖市、银川市、石嘴山市、吴忠市、固原市、克拉玛依市、吐鲁番市、哈密市、喀什地区、和田地区、昌吉回族自治州、博尔塔拉蒙古自治州、巴音郭楞蒙古自治州、伊犁哈萨克自治州、塔城地区、阿勒泰地区、保山市。

5. 旅客周转量（亿人千米）是指各市全年旅客运输工作总量，数据来源于2019年各地级市政府国民经济与社会发展统计公报。数据来源于2018年国民经济与社会发展统计公报的地级市政府有锡林郭勒盟、阿拉善盟、白城市、扬州市、大庆市、七台河市、铜陵市、枣庄市、北海市、德阳市、绵阳市、广安市、巴音郭楞蒙古自治州、黔东南苗族侗族自治州、红河哈尼族彝族自治州、固原市、吐鲁番市、和田地区、克孜勒苏柯尔克孜自治州；数据来源于2019年省级/市级统计年鉴的地级市政府有太原市、乌海市、鄂尔多斯市、兴安盟、大连市、齐齐哈尔市、徐州市、宁波市、合肥市、苏州市、南通市、连云港市、扬州市、安庆市、马鞍山市、阜阳市、三明市、漳州市、南昌市、淄博市、烟台市、潍坊市、济南市、聊城市、开封市、安阳市、鹤壁市、焦作市、漯河市、株洲市、湘潭市、黄石市、三门峡市、湛江市、惠州市、梅州市、遂宁市、乐山市、凉山彝族自治州、资阳市、安康市、汉中市、定西市；数据来源于2018年省级或市级统计年鉴的地级市政府有长治市、辽源市、通化市、松原市、杭州市、丽水市、淮北市、临沂市、德州市、滨州市、恩施土家族苗族自治州、长沙市、衡阳市、南宁市、桂林市、中卫市；数据来源于2017年国民经济与社会发展统计公报的地级市政府有鹤岗市；其中，通过对该市（区）所在地区其他地级市政府该指标的平均值和最低的数据二次平均推算出指标数据的地级市政府有秦皇岛市、邯郸市、邢台市、大同市、朔州市、忻州市、阳泉市、吕梁市、晋中市、廊坊市、晋城市、临汾市、乌兰察布市、沈阳市、镇江市、泰州市、宿迁市、嘉兴市、湖州市、绍兴市、衢州市、芜湖市、淮安市、佳木斯市、黑河市、绥化市、无锡市、淮南市、黄山市、滁州市、六安市、福州市、鹰潭市、舟山市、抚州市、青岛市、滁州市、东营市、济宁市、菏泽市、常德市、张家界市、益阳市、榆林市、三沙市、广元市、眉山市、六盘水市、遵义市、宜宾市、达州市、雅安市、毕节市、黔西南布依族苗族自治州、怒江傈僳族自治州、日喀则市、昌都市、林芝市、山南市、那曲市、阿里地区、铜川市、咸阳市、白银市、天水市、张掖市、武威市、陇南市、平凉市、庆阳市、临夏回族自治州、甘南藏族自治州、西宁市、海东市、海北藏族自治州、黄南藏族自治州、海南藏族自治州、玉树藏族自治州、哈密市、阿克苏地区、喀什地区、阿勒泰地区、昆明市、曲靖市、昭通市。

6. 交通事故发生数（起）（逆指标）是指全年发生的交通事故总数，数据来源于2019年地级市政府国民经济与社会发展统计公报。数据来源于2018年国民经济与社会发展统计公报的地级市政府有宿州市、肇庆市、江门市、山南市、西安市、大理白族自治州、兰州市、金昌市、石嘴山市、吐鲁番市、阿勒泰地区；数据来源于2019年省级或地级市政府统计年鉴的地级市政府有太原市、包头市、乌海市、赤峰市、通辽市、鄂尔多斯市、呼伦贝尔市、巴彦淖尔市、吉林市、镇江市、温州市、舟山市、芜湖市、蚌埠市、南通市、连云港市、黄山市、莆田市、漳州市、宁德市、济南市、枣庄市、洛阳市、十堰市、荆州市、三门峡市、广州市、海口市、自贡市、攀枝花市、泸州市、德阳市、内江市、南充市、眉山市、资阳市、商洛市、延安市、榆林市、定西市、陇南市、平凉市、庆阳市、临夏回族自治州、甘南藏族自治州、西宁市、银川市、中卫市；数据来源于2018年省级或地级市政府统计年鉴的地级市政府有徐州市、宁波市、湖州市、淮北市、青岛市、淄博市、烟台市、东营市、潍坊市、泰安市、济宁市、威海市、日照市、临沂市、德州市、聊城市、滨州市、恩施土家族苗族自治州、武汉市、咸宁市、岳阳市、云浮市、六盘水市、乌鲁木齐市；数据来源于2017年国民经济与社会发展统计公报的地级市政府有鹤岗市；其中，通过对该市（区）所在地区其他地级市政府该指标的平均值和最低的数据二次平均推算出指标数据的地级市政府有石家庄市、邯郸市、大同市、朔州市、忻州市、阳泉市、吕梁市、晋中市、张家口、承德市、廊坊市、衡水市、长治市、晋城市、临汾市、呼和浩特市、乌兰察布市、兴安盟、锡林郭勒盟、阿拉善盟、沈阳市、大连市、鞍山市、抚顺市、丹东市、锦州市、营口市、阜新市、辽阳市、盘锦市、铁岭市、葫芦岛市、长春市、四平市、辽源市、通化市、白山市、松原市、白城市、齐齐哈尔市、牡丹江市、泰州市、宿迁市、徐州市、镇江市、杭州市、宁波市、嘉兴市、绍兴市、金华市、衢州市、苏州市、淮安市、盐城市、扬州市、佳木斯市、大庆市、鸡西市、伊春市、双鸭山市、七台河市、黑河市、绥化市、南京市、无锡市、常州市、马鞍山市、铜陵市、安庆市、亳州市、福州市、厦门市、三明市、南平市、龙岩市、南昌市、赣州市、吉安市、宜春市、菏泽市、郑州市、开封市、平顶山市、安阳市、鹤壁市、焦作市、濮阳市、许昌市、漯河市、长沙市、株洲市、湘潭市、衡阳市、邵阳市、黄石市、宜昌市、襄阳市、鄂州市、黄冈市、随州市、南阳市、商丘市、信阳市、周口市、驻马店市、阳江市、常德市、益阳市、佛山市、中山市、清远市、深圳市、韶关市、梅州市、汕头市、北海市、钦州市、崇左市、南宁市、玉林市、贵港市、桂林市、贺州市、三沙市、儋州市、广元市、遂宁市、凉山彝族自治州、遵义市、宜宾市、广安市、达州市、黔南布依族苗族自治州、雅安市、红河哈尼族彝族自治州、文山壮族苗族自治州、西双版纳傣族自治州、德宏傣族景颇族自治州、怒江傈僳族自治州、昌都市、林芝市、那曲市、阿里地区、铜川市、咸阳市、宝鸡市、汉中市、安康市、渭南市、陇南市、平凉市、庆阳市、临夏回族自治州、甘南藏族自治州、西宁市、天水市、张掖市、武威市、海东市、海北藏族自治州、海南藏族自治州、吴忠市、克拉玛依市、哈密市、阿克苏地区、喀什地区、和田地区、昌吉回族自治州、博尔塔拉蒙古自治州、巴音郭楞蒙古自治州、克孜勒苏柯尔克孜自治州、伊犁哈萨克自治州、塔城地区、昆明市、曲靖市、玉溪市、昭通市。

7. 旅行社数量（家/万人）是指旅行社总数/常住人口，数据来源于地级市政府2019年国民经济与社会发展统计公报。数据来源于2018年国民经济与社会发展统计公报的地级市政府有辽阳市、延边朝鲜族自治州、白城市、厦门市、巴音郭楞蒙古自治州、西安市、和田地区、昌吉回族自治州、博尔塔拉蒙古自治州；数据来源于2019年省级或地级市政府统计年鉴的地级市政府有唐山市、晋城市、呼和浩特市、包头市、乌海市、赤峰市、通辽市、鄂尔多斯市、呼伦贝尔市、巴彦淖尔市、沈阳市、大连市、长春市、辽源市、通化市、白山市、镇江市、泰州市、宿迁市、徐州市、嘉兴市、合肥市、芜湖市、蚌埠市、舟山市、南通市、扬州市、常州市、安庆市、马鞍山市、六安市、池州市、赣州市、青岛市、枣庄市、临沂市、滨州市、十堰市、襄阳市、荆门市、岳阳市、江门市、清远市、广州市、梅州市、桂林市、定西市、阿克苏地区、曲靖市；数据来源于2018年省级或地级市政府统计年鉴的地级市政府有石家庄市、邯郸市、本溪市、苏州市、连云港市、盐城市、济宁市、长沙市、云浮市、北海市、钦州市、崇左市、中卫市、乌鲁木齐市；数据来源于相关文化和旅游局的地级市政府有福州市、泉州市、宜春市、贵港市、贺州市、海口市、三亚市、惠州市、揭阳市、潮州市、张掖市、武威市、海东市、海北藏族自治州、黄南藏族自治州、海南藏族自治州、果洛藏族自治州、玉树藏族自治州；数据来源于中国客户网2018年的地级市政府有上饶市、孝感市、荆州市、黄冈市、咸宁市、随州市、哈密市；数据来源于市人民政府网站的地级市政府有南平市；数据来源于2017年中国旅游统计年鉴的有深圳市；数据来源于2019年地级市政府公告的有普洱市、红河哈尼族彝族自治州、西双版纳傣族自治州；数据来源于2018年地级市政府公告的有楚雄彝族自治州、文山壮族苗族自治州、大理白族自治州、德宏傣族景颇族自治州、怒江傈僳族自治州、迪庆藏族自治州、拉萨市；其中，通过对该市（区）所在地区其他地级市政府该指标的平均值和最低的数据二次平均推算出指标数据的地级市政府有秦皇岛市、邢台市、保定市、大同市、朔州市、忻州市、阳泉市、吕梁市、承德市、沧州市、廊坊市、衡水市、太原市、长治市、临汾市、运城市、兴安盟、锡林郭勒盟、阿拉善盟、鞍山市、铁岭市、四平市、吉林市、松原市、牡丹江市、齐齐哈尔市、杭州市、宁波市、温州市、绍兴市、湖州市、金华市、衢州市、佳木斯市、大庆市、双鸭山市、七台河市、鹤岗市、黑河市、绥化市、淮南市、淮北市、阜阳市、宿州市、亳州市、宣城市、莆田市、三明市、龙岩市、宁德市、景德镇市、萍乡市、九江市、新余市、鹰潭市、吉安市、泰安市、德州市、聊城市、菏泽市、平顶山市、安阳市、株洲市、湘潭市、衡阳市、邵阳市、武汉市、黄石市、宜昌市、鄂州市、商丘市、怀化市、娄底市、湘西土家族苗族自治州、湛江市、茂名市、阳江市、张家界市、益阳市、郴州市、永州市、肇庆市、佛山市、中山市、珠海市、韶关市、汕尾市、来宾市、百色市、三沙市、儋州市、自贡市、攀枝花市、德阳市、绵阳市、广元市、遂宁市、内江市、乐山市、南充市、眉山市、甘孜藏族自治州、凉山彝族自治州、贵阳市、六盘水市、遵义市、达州市、雅安市、临沧市、日喀则市、昌都市、林芝市、山南市、那曲市、阿里地区、汉中市、渭南市、安康市、咸阳市、商洛市、延安市、兰州市、嘉峪关市、白银市、天水市、酒泉市、海西蒙古族藏族自治州、石嘴山市、吐鲁番市、阿勒泰地区、克孜勒苏柯尔克孜自治州、伊犁哈萨克自治州、塔城地区、昆明市、保山市、昭通市、丽江市。

8. 星级饭店数量（家/万人）是指星级饭店总数/常住人口，数据来源于2019年地级市政府国民经济与社会发展统计公报，或地级市政府文化和旅游局。数据来源于2018年国民经济与社会发展统计公报的地级市政府有辽阳市、白山市、白城市、延边朝鲜族自治州、和田地区、塔城地区；数据来源于2019年省级或地级市政府统计年鉴的地级市政府有铜陵市、唐山市、长治市、临汾市、运城市、包头市、镇江市、泰州市、金华市、合肥市、芜湖市、蚌埠市、淮安市、扬州市、常州市、阜阳市、宿州市、六安市、三明市、景德镇市、萍乡市、九江市、新余市、赣州市、吉安市、宜春市、抚州市、上饶市、青岛市、平顶山市、安阳市、黄石市、十堰市、襄阳市、荆州市、商丘市、信阳市、江门市、惠州市、梅州市、桂林市、儋州市、自贡市、德阳市、绵阳市、内江市、南充市、六盘水市、宜宾市、资阳市、商洛市、延安市、阿克苏地区、曲靖市、沈阳市、安庆市；数据来源于2018年省级或地级市政府统计年鉴的地级市政府有石家庄市、秦皇岛市、乌兰察布市、宿迁市、嘉兴市、长沙市、咸宁市、孝感市、云浮市、韶关市、崇左市、北海市、南宁市、梧州市、广元市、中卫市、锡林郭勒盟、阿拉善盟、滁州市；数据来源于文化和旅游局的地级市政府有巴彦淖尔市、莆田市、福州市、汕尾市、贺州市、海口市、海东市、海北藏族自治州、黄南藏族自治州、海南藏族自治州、果洛藏族自治州、玉树藏族自治州；数据来源于2017年中国旅游统计年鉴的有广州市、深圳市、乌鲁木齐市；数据来源于2019年地级市政府公告的有普洱市、红河哈尼族彝族自治州、文山壮族苗族自治州；数据来源于2018年地级市政府公告的有临沧市、西双版纳傣族自治州。其中，通过对该地级市政府（区）所在地区其他地级市政府该指标的平均值和最低的数据二次平均推算出指标数据的地级市政府有邯郸市、邢台市、大同市、朔州市、忻州市、阳泉市、吕梁市、晋中市、承德市、沧州市、廊坊市、衡水市、太原市、呼和浩特市、乌海市、通辽市、赤峰市、呼伦贝尔市、兴安盟、铁岭市、长春市、吉林市、四平市、辽源市、通化市、松原市、牡丹江市、齐齐哈尔市、杭州市、湖州市、绍兴市、南通市、连云港市、盐城市、佳木斯市、大庆市、伊春市、双鸭山市、七台河市、鹤岗市、黑河市、绥化市、无锡市、亳州市、池州市、宣城市、漳州市、南平市、龙岩市、宁德市、鹰潭市、济南市、淄博市、枣庄市、泰安市、临沂市、德州市、聊城市、滨州市、菏泽市、株洲市、湘潭市、衡阳市、邵阳市、宜昌市、鄂州市、随州市、怀化市、娄底市、湘西土家族苗族自治州、湛江市、舟山市、茂名市、阳江市、岳阳市、常德市、张家界市、益阳市、郴州市、永州市、肇庆市、佛山市、珠海市、揭阳市、潮州市、三沙市、遂宁市、乐山市、甘孜藏族自治州、凉山彝族自治州、遵义市、达州市、雅安市、巴中市、楚雄彝族自治州、大理白族自治州、德宏傣族景颇族自治州、怒江傈僳族自治州、迪庆藏族自治州、拉萨市、日喀则市、昌都市、山南市、那曲市、阿里地区、西安市、铜川市、安康市、咸阳市、渭南市、汉中市、兰州市、嘉峪关市、金昌市、白银市、天水市、酒泉市、张掖市、武威市、定西市、陇南市、平凉市、庆阳市、临夏回族自治州、甘南藏族自治州、西宁市、海西蒙古族藏族自治州、石嘴山市、固原市、博尔塔拉蒙古自治州、克孜勒苏柯尔克孜自治州、伊犁哈萨克自治州、阿勒泰地区、昆明市、保山市、昭通市、丽江市。

9. AAAA、AAAAA 级景区数量（家）是指官方网站公布的 4A 级和 5A 级景区的数量总和，数据来源于 2019 年地级市政府国民经济与社会发展统计公报。数据来源于 2018 年国民经济与社会发展统计公报的地级市政府有白城市、温州市、连云港市、枣庄市、崇左市、吐鲁番市、和田地区、哈密市；数据来源于 2019 年省级或地级市政府统计年鉴的地级市政府有长春市、吉林市、四平市、辽源市、白山市、延边朝鲜族自治州、松原市、哈尔滨市、牡丹江市、镇江市、泰州市、徐州市、杭州市、嘉兴市、湖州市、金华市、丽水市、合肥市、芜湖市、南通市、淮安市、扬州市、宿州市、宜春市、抚州市、上饶市、济南市、青岛市、淄博市、桂林市、贺州市、儋州市、六盘水市、安顺市、乌鲁木齐市、阿克苏地区；数据来源于 2018 年省级或地级市政府统计年鉴的地级市政府有石家庄市、辽阳市、通化市、佳木斯市、大庆市、鸡西市、双鸭山市、伊春市、七台河市、滁州市、中卫市；数据来源于国家级景区大全的有唐山市、秦皇岛市、邯郸市、邢台市、大同市、朔州市、忻州市、阳泉市、吕梁市、晋中市、承德市、廊坊市、衡水市、太原市、长治市、临汾市、运城市、呼和浩特市、包头市、乌海市、赤峰市、呼伦贝尔市、巴彦淖尔市、乌兰察布市、兴安盟、锡林郭勒盟、阿拉善盟、沈阳市、大连市、日照市、临沂市、恩施土家族苗族自治州、长沙市、株洲市、湘潭市、衡阳市、邵阳市、云浮市、肇庆市、江门市、佛山市、中山市、珠海市、东莞市、广州市、深圳市、韶关市、汕尾市、梅州市、揭阳市、汕头市、潮州市、玉林市、贵港市、来宾市、柳州市、百色市、河池市、保山市、昭通市、丽江市；数据来源于文化和旅游局的地级市政府有泉州市、海口市；数据来源于地级市政府网站的地级市政府有宁德市、岳阳市；其中，通过对该地级市政府（区）所在地区其他地级市政府该指标的平均值和最低的数据二次平均推算出指标数据的地级市政府有铁岭市、宁波市、鹤岗市、黑河市、绥化市、安庆市、阜阳市、福州市、厦门市、莆田市、三明市、北海市、钦州市、防城港市、三沙市、自贡市、攀枝花市、德阳市、绵阳市、遂宁市、内江市、乐山市、南充市、宜宾市、达州市、雅安市、巴中市、德宏傣族景颇族自治州、怒江傈僳族自治州、日喀则市、昌都市、山南市、那曲市、阿里地区、西安市、昌吉回族自治州、博尔塔拉蒙古自治州、克孜勒苏柯尔克孜自治州、伊犁哈萨克自治州、塔城地区、昆明市。

10. 餐饮、住宿从业人员数量（万人）数据来源于 2019 年省级或地级市政府统计年鉴，数据来源于 2018 年省级/地级市政府统计年鉴的地级市政府有石家庄市、邢台市、张家口、镇江市、徐州市、杭州市、宁波市、宿迁市、合肥市、淮北市、滁州市、新余市、长沙市、武汉市、孝感市、咸宁市、怀化市、娄底市、湘西土家族苗族自治州、云浮市、成都市、自贡市、攀枝花市、泸州市、德阳市、绵阳市、广元市、毕节市、拉萨市、西安市、银川市、石嘴山市、吴忠市、固原市、中卫市、昆明市；数据来源于2019年人民政府门户网站的有玉林市、贵港市、柳州市、百色市、河池市；其中，通过对该地级市（区）所在地区其他地级市政府该指标的平均值和最低的数据二次平均推算出指标数据的地级市政府有秦皇岛市、邯郸市、保定市、吕梁市、廊坊市、沧州市、承德市、衡水市、太原市、呼和浩特市、包头市、乌兰察布市、兴安盟、锡林郭勒盟、阿拉善盟、沈阳市、鞍山市、抚顺市、本溪市、丹东市、锦州市、营口市、长春市、吉林市、四平市、辽源市、通化市、白山市、松原市、白城市、齐齐哈尔市、牡丹江市、哈尔滨市、延边朝鲜族自治州、泰州市、嘉兴市、湖州市、佳木斯市、大庆市、双鸭山市、七台河市、伊春市、六安市、亳州市、池州市、宣城市、福州市、萍乡市、鹰潭市、宜春市、青岛市、淄博市、烟台市、东营市、潍坊市、济宁市、泰安市、枣庄市、威海市、临沂市、滨州市、菏泽市、湘潭市、衡阳市、邵阳市、恩施土家族苗族自治州、株洲市、鄂州市、肇庆市、江门市、佛山市、中山市、珠海市、北海市、梧州市、来宾市、三沙市、内江市、甘孜藏族自治州、凉山彝族自治州、贵阳市、遵义市、广安市、达州市、雅安市、巴中市、安顺市、铜仁市、黔东南苗族侗族自治州、日喀则市、昌都市、林芝市、山南市、那曲市、阿里地区、宝鸡市、渭南市、商洛市、延安市、兰州市、嘉峪关市、金昌市、白银市、天水市、酒泉市、张掖市、武威市、定西市、海东市、海北藏族自治州、黄南藏族自治州、海南藏族自治州、果洛藏族自治州、玉树藏族自治州、哈密市、吐鲁番市、喀什地区、和田地区、昌吉回族自治州、博尔塔拉蒙古自治州、巴音郭楞蒙古自治州、克孜勒苏柯尔克孜自治州、伊犁哈萨克自治州、塔城地区、阿勒泰地区、曲靖市、玉溪市、保山市、昭通市、丽江市。

11. 限额以上住宿和餐饮业法人企业数量（家）数据来源于2019年地级市政府统计年鉴。数据来源于地级市政府2019年国民经济与社会发展统计公报的地级市政府有葫芦岛市、牡丹江市、合肥市、萍乡市、九江市、赣州市、吉安市、邵阳市、钦州市、防城港市、崇左市、南宁市、自贡市、泸州市、甘孜藏族自治州、贵阳市、黔南布依族苗族自治州、铜川市、汉中市、咸阳市、安康市、昌吉回族自治州；数据来源于 2018 年国民经济与社会发展统计公报的地级市政府有鸡西市、铜陵市、黔西南布依族苗族自治州、西安市；数据来源于 2018 年省级/地级市政府统计年鉴的地级市政府有石家庄市、秦皇岛市、邯郸市、沧州市、廊坊市、四平市、徐州市、杭州市、宁波市、宿迁市、常州市、淮北市、滁州市、新余市、郑州市、恩施土家族苗族自治州、长沙市、株洲市、湘潭市、衡阳市、武汉市、孝感市、怀化市、娄底市、湘西土家族苗族自治州、银川市、石嘴山市、吴忠市、固原市、克拉玛依市；数据来源于 2019 年人民政府门户网站的有玉林市、贵港市、柳州市、百色市、河池市；其中，通过对该地级市政府（区）所在地区其他地级市政府该指标的平均值和最低的数据二次平均推算出指标数据的地级市政府有邢台市、保定市、吕梁市、张家口市、承德市、衡水市、太原市、呼和浩特市、乌海市、赤峰市、通辽市、呼伦贝尔市、巴彦淖尔市、乌兰察布市、兴安盟、锡林郭勒盟、阿拉善盟、沈阳市、大连市、鞍山市、抚顺市、本溪市、丹东市、锦州市、营口市、阜新市、辽阳市、盘锦市、铁岭市、长春市、吉林市、辽源市、通化市、白山市、松原市、白城市、延边朝鲜族自治州、齐齐哈尔市、哈尔滨市、镇江市、泰州市、嘉兴市、湖州市、芜湖市、佳木斯市、大庆市、双鸭山市、伊春市、七台河市、鹤岗市、黑河市、绥化市、南京市、无锡市、马鞍山市、宣城市、鹰潭市、济南市、青岛市、淄博市、东营市、泰安市、济宁市、临沂市、滨州市、菏泽市、开封市、平顶山市、安阳市、鄂州市、咸宁市、信阳市、周口市、驻马店市、江门市、北海市、梧州市、来宾市、三沙市、广元市、阿坝藏族羌族自治州、凉山彝族自治州、遵义市、广安市、达州市、雅安市、巴中市、安顺市、毕节市、铜仁市、黔东南苗族侗族自治州、大理白族自治州、德宏傣族景颇族自治州、怒江傈僳族自治州、迪庆藏族自治州、拉萨市、日喀则市、昌都市、林芝市、山南市、那曲市、阿里地区、渭南市、宝鸡市、商洛市、延安市、榆林市、兰州市、嘉峪关市、金昌市、白银市、天水市、酒泉市、张掖市、武威市、陇南市、平凉市、庆阳市、临夏回族自治州、甘南藏族自治州、西宁市、海东市、海北藏族自治州、黄南藏族自治州、海南藏族自治州、果洛藏族自治州、玉树藏族自治州、海西蒙古族藏族自治州、吐鲁番市、中卫市、哈密市、喀什地区、和田地区、博尔塔拉蒙古自治州、巴音郭楞蒙古自治州、伊犁哈萨克自治州、塔城地区、克孜勒苏柯尔克孜自治州、阿勒泰地区、昆明市、曲靖市、玉溪市、保山市、丽江市。

12. 城市每万人拥有公共厕所数量（座）是指公共厕所总数量/常住人口，数据来源于2018年中国城市建设统计年鉴。其中，通过对该地级市政府市（区）所在地区其他地级市政府该指标的平均值和最低的数据二次平均推算出指标数据的地级市政府有兴安盟、阿拉善盟、延边朝鲜族自治州、恩施土家族苗族自治州、湘西土家族苗族自治州、阿坝藏族羌族自治州、甘孜藏族自治州、凉山彝族自治州、黔西南布依族苗族自治州、黔东南苗族侗族自治州、黔南布依族苗族自治州、红河哈尼族彝族自治州、西双版纳傣族自治州、德宏傣族景颇族自治州、怒江傈僳族自治州、迪庆藏族自治州、阿里地区、甘南藏族自治州、海北藏族自治州、黄南藏族自治州、海南藏族自治州、果洛藏族自治州、玉树藏族自治州、海西蒙古族藏族自治州、博尔塔拉蒙古自治州、巴音郭楞蒙古自治州、克孜勒苏柯尔克孜自治州、伊犁哈萨克自治州。

13. 微博关注量（个）是指地级市政府文化和旅游局官方账号的微博关注量，公布于相关政府网站工作报表中；数据来源于地级市政府文化和旅游局。其中，通过对该地级市政府（区）所在地区其他地级市政府该指标的平均值和最低的数据二次平均推算出指标数据的地级市政府有衡水市、晋城市、临汾市、乌海市、通辽市、乌兰察布市、阿拉善盟、大连市、白山市、齐齐哈尔市、哈尔滨市、佳木斯市、双鸭山市、大庆市、七台河市、伊春市、鹤岗市、黑河市、绥化市、常州市、宣城市、莆田市、九江市、新余市、鹰潭市、赣州市、吉安市、抚州市、上饶市、郑州市、开封市、洛阳市、平顶山市、宜昌市、鄂州市、南阳市、商丘市、驻马店市、常德市、益阳市、永州市、肇庆市、清远市、韶关市、河源市、钦州市、防城港市、三沙市、儋州市、巴中市、普洱市、红河哈尼族彝族自治州、文山壮族苗族自治州、西双版纳傣族自治州、昌都市、林芝市、山南市、那曲市、阿里地区、渭南市、咸阳市、安康市、天水市、海东市、海北藏族自治州、黄南藏族自治州、海南藏族自治州、果洛藏族自治州、玉树藏族自治州、海西蒙古族藏族自治州、吴忠市、中卫市、乌鲁木齐市、克拉玛依市、吐鲁番市、哈密市、阿克苏地区、喀什地区、和田地区、昌吉回族自治州、博尔塔拉蒙古自治州、克孜勒苏柯尔克孜自治州、伊犁哈萨克自治州、曲靖市、玉溪市、昭通市、丽江市。

14. 微信订阅数（个）是指地级市政府文化和旅游局官方账号的微信订阅数，公布于相关政府网站工作报表中；数据来源于地级市政府文化和旅游局。其中，通过对该地级市政府（区）所在地区其他地级市政府该指标的平均值和最低的数据二次平均推算出指标数据的地级市政府有衡水市、晋城市、临汾市、乌海市、通辽市、乌兰察布市、阿拉善盟、大连市、白山市、齐齐哈尔市、哈尔滨市、佳木斯市、双鸭山市、大庆市、七台河市、伊春市、鹤岗市、黑河市、绥化市、常州市、宣城市、莆田市、新余市、鹰潭市、赣州市、吉安市、抚州市、上饶市、郑州市、开封市、洛阳市、平顶山市、宜昌市、鄂州市、南阳市、商丘市、驻马店市、常德市、永州市、肇庆市、清远市、韶关市、河源市、钦州市、防城港市、三沙市、儋州市、巴中市、安顺市、铜仁市、黔西南布依族苗族自治州、黔南布依族苗族自治州、普洱市、红河哈尼族彝族自治州、文山壮族苗族自治州、西双版纳傣族自治州、昌都市、林芝市、山南市、那曲市、阿里地区、渭南市、咸阳市、安康市、天水市、海东市、海北藏族自治州、黄南藏族自治州、海南藏族自治州、果洛藏族自治州、玉树藏族自治州、海西蒙古族藏族自治州、吴忠市、中卫市、乌鲁木齐市、克拉玛依市、吐鲁番市、哈密市、阿克苏地区、喀什地区、和田地区、昌吉回族自治州、博尔塔拉蒙古自治州、克孜勒苏柯尔克孜自治州、伊犁哈萨克自治州、曲靖市、玉溪市、昭通市、丽江市。

15. 信息发布数量（条）是指地级市政府文化和旅游局全年信息

发布数量，公布于相关政府网站工作报表中；数据来源于地级市政府文化和旅游局。数据来源于政府官方网站的地级市政府有宣城市、景德镇市；其中，通过对该地级市政府（区）所在地区其他地级市政府该指标的平均值和最低的数据二次平均推算出指标数据的地级市政府有衡水市、晋城市、临汾市、乌海市、通辽市、乌兰察布市、白山市、佳木斯市、双鸭山市、大庆市、七台河市、伊春市、鹤岗市、绥化市、常州市、新余市、鹰潭市、赣州市、吉安市、平顶山市、宜昌市、南阳市、驻马店市、常德市、永州市、肇庆市、清远市、韶关市、河源市、三沙市、儋州市、广安市、雅安市、巴中市、安顺市、黔西南布依族苗族自治州、普洱市、红河哈尼族彝族自治州、文山壮族苗族自治州、西双版纳傣族自治州、昌都市、林芝市、那曲市、阿里地区、咸阳市、天水市、海东市、海北藏族自治州、黄南藏族自治州、海南藏族自治州、果洛藏族自治州、海西蒙古族藏族自治州、吴忠市、中卫市、乌鲁木齐市、克拉玛依市、吐鲁番市、哈密市、阿克苏地区、喀什地区、和田地区、昌吉回族自治州、博尔塔拉蒙古自治州、克孜勒苏柯尔克孜自治州、伊犁哈萨克自治州、曲靖市、昭通市、丽江市。

16. 留言办理时间（天）（逆指标）是指收到留言后的处理时间，公布于地级市政府文化和旅游局政府网站工作年度报表中；数据来源于地级市政府文化和旅游局。其中，通过对该地级市政府（区）所在地区其他地级市政府该指标的平均值和最低的数据二次平均推算出指标数据的地级市政府有衡水市、晋城市、临汾市、包头市、乌海市、通辽市、乌兰察布市、兴安盟、白山市、齐齐哈尔市、哈尔滨市、佳木斯市、双鸭山市、大庆市、七台河市、伊春市、南京市、无锡市、马鞍山市、淮北市、铜陵市、安庆市、宣城市、莆田市、新余市、鹰潭市、赣州市、吉安市、抚州市、上饶市、郑州市、开封市、洛阳市、平顶山市、宜昌市、鄂州市、南阳市、商丘市、常德市、永州市、肇庆市、清远市、韶关市、河源市、钦州市、防城港市、三沙市、儋州市、南充市、巴中市、毕节市、安顺市、铜仁市、黔西南布依族苗族自治州、黔南布依族苗族自治州、普洱市、红河哈尼族彝族自治州、文山壮族苗族自治州、西双版纳傣族自治州、昌都市、林芝市、山南市、那曲市、阿里地区、铜川市、汉中市、宝鸡市、渭南市、咸阳市、安康市、天水市、海东市、海北藏族自治州、黄南藏族自治州、海南藏族自治州、果洛藏族自治州、玉树藏族自治州、海西蒙古族藏族自治州、吴忠市、中卫市、乌鲁木齐市、克拉玛依市、吐鲁番市、哈密市、阿克苏地区、喀什地区、和田地区、昌吉回族自治州、博尔塔拉蒙古自治州、克孜勒苏柯尔克孜自治州、伊犁哈萨克自治州、曲靖市、玉溪市、昭通市、丽江市。

17. 旅游产业发展大会及影响数据来源于地级市政府相关官方媒体报道。本指标数据收集及计算涉及两个方面，一是旅游发展大会首次举行的时间；二是领导重视程度（出席领导层级）。如果满足以上两方面要求，即举行时间早且领导重视程度高，就视其情形记为3分；如果仅符合一个层次的或者没有相关报道，就视其情形记为2分；若两方面都没有报道，则视其情形记为1分。其中，通过对该地级市政府（区）所在地区其他地级市政府该指标的平均值和最低的数据二次平均推算出指标数据的地级市政府有秦皇岛市、大同市、朔州市、吕梁市、晋中市、长治市、呼和浩特市、包头市、乌海市、沈阳市、鞍山市、抚顺市、本溪市、丹东市、阜新市、辽阳市、盘锦市、铁岭市、朝阳市、葫芦岛市、长春市、吉林市、辽源市、通化市、白山市、松原市、白城市、齐齐哈尔市、牡丹江市、宿迁市、绍兴市、嘉兴市、湖州市、金华市、衢州市、南通市、连云港市、扬州市、佳木斯市、双鸭山市、大庆市、绥化市、南京市、安庆市、滁州市、六安市、池州市、泉州市、三明市、景德镇市、新余市、济南市、淄博市、枣庄市、济宁市、泰安市、焦作市、长沙市、株洲市、湘潭市、衡阳市、邵阳市、黄石市、鄂州市、荆州市、黄冈市、南阳市、商丘市、信阳市、周口市、驻马店市、常德市、佛山市、中山市、珠海市、清远市、深圳市、河源市、惠州市、汕尾市、揭阳市、潮州市、北海市、钦州市、南宁市、崇左市、贺州市、海口市、三亚市、三沙市、儋州市、甘孜藏族自治州、凉山彝族自治州、大理白族自治州、德宏傣族景颇族自治州、怒江傈僳族自治州、迪庆藏族自治州、拉萨市、昌都市、林芝市、那曲市、阿里地区、西安市、安康市、咸阳市、宝鸡市、商洛市、武威市、海东市、海北藏族自治州、黄南藏族自治州、海南藏族自治州、果洛藏族自治州、玉树藏族自治州、银川市、固原市、乌鲁木齐市、克孜勒苏柯尔克孜自治州、伊犁哈萨克自治州、塔城地区、阿勒泰地区、昆明市。

18. 疫情防控政策及影响是指地级市政府文化和旅游局针对疫情防控提出的相关政策，数据来源于地级市政府文化和旅游局。本指标评价标准包括两方面：一是疫情防控政策首次发布时间；二是是否报道疫情防控政策的成效。由于大多数报道成效，在收集信息时主要查看相关文件的数量是否较多（2 月 1 日—6 月 31 日（包含））。如果同时满足发布时间早、发布数量多，则记为 3 分；如果满足一方面，则视其情况记为 1 分或 2 分。其中，通过对该地级市政府（区）所在地区其他地级市政府该指标的平均值和最低的数据二次平均推算出指标数据的地级市政府有廊坊市、沧州市、衡水市、大同市、吕梁市、晋城市、临汾市、呼和浩特市、佳木斯市、双鸭山市、大庆市、七台河市、伊春市、鹤岗市、绥化市、常州市、宿州市、六安市、宣城市、莆田市、三明市、随州市、南阳市、商丘市、信阳市、周口市、驻马店市、益阳市、肇庆市、佛山市、清远市、韶关市、河源市、三沙市、儋州市、遂宁市、乐山市、眉山市、资阳市、宜宾市、广安市、达州市、雅安市、巴中市、普洱市、临沧市、红河哈尼族彝族自治州、迪庆藏族自治州、昌都市、林芝市、山南市、那曲市、阿里地区、咸阳市、武威市、陇南市、平凉市、庆阳市、临夏回族自治州、甘南藏族自治州、西宁市、海西蒙古族藏族自治州、吴忠市、中卫市、乌鲁木齐市、克拉玛依市、吐鲁番市、哈密市、阿克苏地区、喀什地区、和田地区、昌吉回族自治州、博尔塔拉蒙古自治州、曲靖市、昭通市。

19. 旅游总人次（万人次）是指地级市政府全年的游客总人次，数据来源于 2019 年地级市政府国民经济与社会发展统计公报。数据来源于 2018 年国民经济与社会发展统计公报的地级市政府有廊坊市、兴安盟、锡林郭勒盟、阿拉善盟、辽阳市、松原市、白城市、连云港市、鹰潭市、崇左市、北海市、巴中市、红河哈尼族彝族自治州、石嘴山市、吐鲁番市、和田地区；数据来源于 2019 年省级或地级市政府统计年鉴的地级市政府有镇江市、舟山市、丽水市、蚌埠市、苏州市、南通市、淮安市、扬州市、焦作市、濮阳市、许昌市、黄石市、襄阳市、揭阳市、自贡市、内江市、凉山彝族自治州、六盘水市、阿克苏地区；数据来源于 2018 年省级或地级市政府统计年鉴的地级市政府有乌兰察布市、朝阳市、四平市、辽源市、通化市、徐州市、宁波市、合肥市、芜湖市、绥化市、宿州市、南昌市、宜春市、抚州市、上饶市、枣庄市、临沂市、安顺市、中卫市、丽江市；数据来源于 2017 年国民经济与社会发展统计公报的地级市政府有鹤岗市；其中，通过对该地级市政府（区）所在地区其他地级市政府该指标的平均值和最低的数据二次平均推算出指标数据的地级市政府有晋中市、呼和浩特市、鞍山市、丹东市、白山市、泰州市、宿迁市、双鸭山市、七台河市、鹤岗市、淮北市、东营市、潍坊市、日照市、茂名市、肇庆市、东莞市、三沙市、雅安市、黔西南布依族苗族自治州、黔南布依族苗族自治州、昌都市、那曲市、阿里地区、汉中市、吴忠市、哈密市、昌吉回族自治州、博尔塔拉蒙古自治州。

20. 旅游总收入（亿元）是指地级市政府全年的旅游收入，数据来源于 2019 年地级市政府国民经济与社会发展统计公报。数据来源于 2018 年国民经济与社会发展统计公报的地级市政府有廊坊市、兴安盟、辽阳市、松原市、白城市、连云港市、鹰潭市、荆门市、崇左市、北海市、巴中市、黔西南布依族苗族自治州、红河哈尼族彝族自治州、石嘴山市、吐鲁番市、和田地区；数据来源于 2019 年省级或地级市政府统计年鉴的地级市政府有晋中市、沈阳市、大连市、朝阳市、镇江市、舟山市、苏州市、南通市、淮安市、扬州市、漳州市、南平市、南昌市、抚州市、上饶市、临沂市、黄石市、襄阳市、揭阳市、自贡市、内江市、凉山彝族自治州、六盘水市、宜宾市、阿克苏地区；数据来源于 2018 年省级或地级市政府统计年鉴的地级市政府有乌兰察布市、辽源市、通化市、四平市、杭州市、宁波市、合肥市、芜湖市、绥化市、安顺市、吴忠市、固原市、中卫市；数据来源于2017年国民经济与社会发展统计公报的地级市政府有鹤岗市、肇庆市；通过对该市（区）所在地区其他地级市政府该指标的平均值和最低的数据二次平均推算出指标数据的地级市政府有呼和浩特市、白山市、泰州市、宿迁市、徐州市、双鸭山市、七台河市、日照市、三沙市、昌都市、那曲市、阿里地区、汉中市、哈密市、喀什地区、昌吉回族自治州、博尔塔拉蒙古自治州。

21. 文化和旅游政府机构数量［个/(人×平方千米)］是指地级市政府每平方千米面积内人均所拥有的文化和旅游局机构的数量，通过计算地级市政府文化和旅游局政府机构数目/常住人口/面积得出；数据来源于地级市政府文化和旅游局。通过对该地级市政府（区）所在地区其他地级市政府该指标的平均值和最低的数据二次平均推算出指标数据的地级市政府有衡水市、廊坊市、大同市、朔州市、阳泉市、吕梁市、晋城市、乌海市、乌兰察布市、大连市、通化市、白山市、齐齐哈尔市、牡丹江市、白城市、哈尔滨市、佳木斯市、双鸭山市、大庆市、七台河市、伊春市、鹤岗市、黑河市、绥化市、常州市、阜阳市、六安市、福州市、淄博市、东营市、菏泽市、新乡市、肇庆市、清远市、韶关市、河源市、三沙市、儋州市、贵阳市、宜宾市、广安市、达州市、雅安市、资阳市、巴中市、黔南布依族苗族自治州、普洱市、昌都市、林芝市、山南市、那曲市、阿里地区、西安市、咸阳市、天水市、武威市、海南藏族自治州、海西蒙古族藏族自治州、吴忠市、中卫市、乌鲁木齐市、克拉玛依市、吐鲁番市、哈密市、阿克苏地区、喀什地区、和田地区、昌吉回族自治州、博尔塔拉蒙古自治州、巴音郭楞蒙古自治州、克孜勒苏柯尔克孜自治州、伊犁哈萨克自治州、塔城地区、阿勒泰地区、曲靖市、昭通市。

22. 文化与旅游管理部门从业人员数量［人/(人×平方千米)］是指地级市政府每平方千米面积内人均所拥有的文化和旅游局管理部门从业人员的数量，通过计算文化和旅游局管理部门从业人员/常住人口/面积得出；数据来源于地级市政府文化与旅游局。数据来源于政府官网的地级市政府有儋州市；通过对该地级市政府（区）所在地区其他地级市政府该指标的平均值和最低的数据二次平均推算出指标数据的地级市政府有唐山市、衡水市、廊坊市、大同市、吕梁市、晋城市、乌海市、巴彦淖尔市、乌兰察布市、兴安盟、阿拉善盟、沈阳市、大连市、通化市、白山市、齐齐哈尔市、牡丹江市、白城市、哈尔滨市、衢州市、佳木斯市、双鸭山市、大庆市、七台河市、伊春市、鹤岗市、黑河市、绥化市、常州市、阜阳市、六安市、莆田市、淄博市、新乡市、随州市、肇庆市、清远市、韶关市、河源市、汕尾市、贵阳市、宜宾市、广安市、达州市、雅安市、资阳市、巴中市、安顺市、铜仁市、黔西南布依族苗族自治州、黔东南苗族侗族自治州、黔南布依族苗族自治州、普洱市、临沧市、楚雄彝族自治州、红河哈尼族彝族自治州、文山壮族苗族自治州、西双版纳傣族自治州、日喀则市、昌都市、林芝市、山南市、那曲市、阿里地区、西安市、咸阳市、安康市、定西市、海北藏族自治州、黄南藏族自治州、海南藏族自治州、海西蒙古族藏族自治州、吴忠市、中卫市、乌鲁木齐市、克拉玛依市、吐鲁番市、哈密市、阿克苏地区、喀什地区、和田地区、昌吉回族自治州、博尔塔拉蒙古自治州、伊犁哈萨克自治州、塔城地区、阿勒泰地区、曲靖市、昭通市。

附录2　2020年中国地方政府文化与旅游公共服务效率测度样本

附录2.1　2020年省级政府文化与旅游公共服务效率测度样本（31个）

1. 华东地区（7个）

上海市、江苏省、浙江省、安徽省、福建省、江西省、山东省。

2. 中南地区（6个）

河南省、湖北省、湖南省、广东省、广西壮族自治区、海南省。

3. 西南地区（5个）

重庆市、四川省、贵州省、云南省、西藏自治区。

4. 西北地区（5个）

陕西省、甘肃省、青海省、宁夏回族自治区、新疆维吾尔自治区。

5. 华北地区（5个）

北京市、天津市、河北省、山西省、内蒙古自治区。

6. 东北地区（3个）

辽宁省、吉林省、黑龙江省。

附录2.2　2020年地级市政府文化与旅游公共服务效率测度样本（333个）

1. 华东地区76个地级市

（1）江苏省13个地级市

南京市、无锡市、徐州市、常州市、苏州市、南通市、连云港市、淮安市、盐城市、扬州市、镇江市、泰州市、宿迁市。

（2）浙江省11个地级市

杭州市、宁波市、温州市、绍兴市、湖州市、嘉兴市、金华市、衢州市、台州市、丽水市、舟山市。

（3）安徽省16个地级市

合肥市、芜湖市、蚌埠市、淮南市、马鞍山市、淮北市、铜陵市、安庆市、黄山市、阜阳市、宿州市、滁州市、六安市、宣城市、池州市、亳州市。

（4）福建省9个地级市

福州市、莆田市、泉州市、厦门市、漳州市、龙岩市、三明市、南平市、宁德市。

（5）江西省11个地级市

南昌市、赣州市、宜春市、吉安市、上饶市、抚州市、九江市、景德镇市、萍乡市、新余市、鹰潭市。

（6）山东省16个地级市

济南市、青岛市、淄博市、枣庄市、东营市、烟台市、潍坊市、济宁市、泰安市、威海市、日照市、滨州市、德州市、聊城市、临沂市、菏泽市。

2. 中南地区 83 个地级市

（1）河南省 17 个地级市

郑州市、开封市、洛阳市、平顶山市、安阳市、鹤壁市、新乡市、焦作市、濮阳市、许昌市、漯河市、三门峡市、商丘市、周口市、驻马店市、南阳市、信阳市。

（2）湖北省 13 个地级市

武汉市、黄石市、十堰市、荆州市、宜昌市、襄阳市、鄂州市、荆门市、黄冈市、孝感市、咸宁市、随州市、恩施土家族苗族自治州。

（3）湖南省 14 个地级市

长沙市、株洲市、湘潭市、衡阳市、邵阳市、岳阳市、张家界市、益阳市、常德市、娄底市、郴州市、永州市、怀化市、湘西土家族苗族自治州。

（4）广东省 21 个地级市

广州市、深圳市、珠海市、汕头市、佛山市、韶关市、湛江市、肇庆市、江门市、茂名市、惠州市、梅州市、汕尾市、河源市、阳江市、清远市、东莞市、中山市、潮州市、揭阳市、云浮市。

（5）广西壮族自治区 14 个地级市

南宁市、柳州市、桂林市、梧州市、北海市、崇左市、来宾市、贺州市、玉林市、百色市、河池市、钦州市、防城港市、贵港市。

（6）海南省 4 个地级市

海口市、三亚市、三沙市、儋州市。

3. 西南地区 53 个地级市

（1）四川省 21 个地级市

成都市、绵阳市、自贡市、攀枝花市、泸州市、德阳市、广元市、遂宁市、内江市、乐山市、资阳市、宜宾市、南充市、达州市、雅安市、广安市、巴中市、眉山市、阿坝藏族羌族自治州、甘孜藏族自治州、凉山彝族自治州。

（2）贵州省 9 个地级市

贵阳市、六盘水市、遵义市、铜仁市、毕节市、安顺市、黔西南布依族苗族自治州、黔东南苗族侗族自治州、黔南布依族苗族自治州。

（3）云南省 16 个地级市

昆明市、昭通市、曲靖市、玉溪市、普洱市、保山市、丽江市、临沧市、楚雄彝族自治州、红河哈尼族彝族自治州、文山壮族苗族自治州、西双版纳傣族自治州、大理白族自治州、德宏傣族景颇族自治州、怒江傈僳族自治州、迪庆藏族自治州。

（4）西藏自治区 7 个地级市

拉萨市、昌都市、日喀则市、林芝市、山南市、那曲市、阿里地区。

4. 西北地区 51 个地级市

（1）陕西省 10 个地级市

西安市、铜川市、宝鸡市、咸阳市、渭南市、汉中市、安康市、商洛市、延安市、榆林市。

（2）甘肃省 14 个地级市

兰州市、嘉峪关市、金昌市、白银市、天水市、酒泉市、张掖市、武威市、定西市、陇南市、平凉市、庆阳市、临夏回族自治州、甘南藏族自治州。

（3）青海省 8 个地级市

西宁市、海东市、海北藏族自治州、黄南藏族自治州、海南藏族自治州、果洛藏族自治州、玉树藏族自治州、海西蒙古族藏族自治州。

（4）宁夏回族自治区 5 个地级市

银川市、石嘴山市、吴忠市、固原市、中卫市。

（5）新疆维吾尔自治区 14 个地级市

乌鲁木齐市、克拉玛依市、吐鲁番市、哈密市、阿克苏地区、喀什地区、和田地区、昌吉回族自治州、博尔塔拉蒙古自治州、巴音郭楞蒙古自治州、克孜勒苏柯尔克孜自治州、伊犁哈萨克自治州、塔城地区、阿勒泰地区。

5. 华北地区 34 个地级市

（1）河北省 11 个地级市

石家庄市、唐山市、秦皇岛市、邯郸市、邢台市、保定市、张家口市、承德市、沧州市、廊坊市、衡水市。

（2）山西省 11 个地级市

太原市、大同市、阳泉市、长治市、晋城市、朔州市、忻州市、吕梁市、晋中市、临汾市、运城市。

（3）内蒙古自治区 12 个地级市

呼和浩特市、包头市、乌海市、赤峰市、呼伦贝尔市、通辽市、乌兰察布市、鄂尔多斯市、巴彦淖尔市、锡林郭勒盟、兴安盟、阿拉善盟。

6. 东北地区 36 个地级市

（1）辽宁省 14 个地级市

沈阳市、大连市、鞍山市、抚顺市、本溪市、丹东市、锦州市、营口市、阜新市、辽阳市、盘锦市、铁岭市、朝阳市、葫芦岛市。

（2）吉林省 9 个地级市

长春市、吉林市、四平市、辽源市、通化市、白山市、白城市、松原市、延边朝鲜族自治州。

（3）黑龙江省 13 个地级市

哈尔滨市、齐齐哈尔市、牡丹江市、佳木斯市、大庆市、伊春市、鸡西市、鹤岗市、双鸭山市、七台河市、绥化市、黑河市、大兴安岭地区。